Wie wenn das Antlitz
sich vor uns verbergen muß

Aus Jes 53,3
in der Übersetzung von Martin Buber

Günter Biemer Rainer Ruß

wenn das Antlitz sich verbirgt

Christusbilder von Roland Peter Litzenburger

Verlag Katholisches Bibelwerk Stuttgart

ISBN 3-460-31191-6

Einband: Roland Peter Litzenburger, 7778 Markdorf-Leimbach
Gesamtherstellung: SV-DRUCK, 7302 Ostfildern 1

Allen,
die mitgedacht haben
und mitgegangen sind

Inhalt

Menschsein für andere

Bemerkungen zur Bedeutung des Jesusbildes bei Roland Peter Litzenburger

Es geht hier um eine Hypothese, die den Ort für die Jesusbilder von Roland Peter Litzenburger im Zusammenhang mit der abendländischen Geschichte der Christusdarstellung anzeigt. Sie lautet:
In alter Zeit wurde die Bedeutung Jesu durch seine Vergöttlichung ausgesagt, später durch seine Darstellung im zeitgenössisch-gesellschaftlichen Zusammenhang; heute erscheint Jesus als das Bild des Menschen schlechthin, in der Weise, wie es in den synoptischen Evangelien gezeichnet wurde.
Diese Hypothese wird in sechs Schritten erläutert. Die ersten drei Schritte beziehen sich auf das Christusbild in der Geschichte, die folgenden drei auf die Jesusdarstellung durch Litzenburger.

I.
1. Die Jesus-Darstellungen in der Kirchengeschichte des ersten Jahrtausends und darüber hinaus sind vorwiegend ideal-typisch.
Spärliche Darstellungen in den Katakomben zeigen die Bedeutung des zentralen Christus-Mysteriums im Jona-Motiv. Die Hirtendarstellung ist sowohl vorchristlich-bukolisch als auch christlich-johanneisch. Eindeutig sind die Christus-Mosaiken byzantinischer Herkunft: Christus der Lehrer und der Christus im Triumphbogen von San Vitale zu Ravenna aus dem 6. Jahrhundert, die Goldmosaik-Apsiden von San Clemente, San Giovanni in Laterano und in Sankt Paul vor den Mauern zu Rom. Als Muster der Darstellung dient das römisch-oströmische Gott-Kaiser-Bild, vertieft durch das mysterien-christliche Symboldenken. Der Hintergrund dieser majestätischen Christusdarstellungen scheint mir eindeutig die Wirkungsgeschichte des Glaubenssatzes von Nikaia zu sein, wonach Jesus nicht nur der Menschensohn, sondern ebenso der wesensgleiche Gottessohn ist. Letztere Aussage vor allem hat ihre Spuren in Theologie und Kunstgeschichte gezogen.[1]
Das idealtypische Christusbild ist Echo der Glaubens- und Frömmigkeitsgeschichte. Es ist etwas anderes als Portraitabsicht, es ist Glaubenszeugnis. Damit Zusammenfassung der zeitgenössischen Sehnsucht, das überzeitlich Ewige abzubilden, das im Antlitz des Gott-Menschen Jesus Christus aufgegangen war. Weder Germanen- noch Hunnenstürme noch die politischen Wirren des achten und neunten Jahrhunderts in Rom vermochten dieses Bild zu verzeitlichen. Selbst die Kreuzesplastik der Romanik erscheint im Zuge dieser Wirkungsgeschichte als ein Christus-Königsbild. Wie die Verkündigung in der Predigt jener Zeit aus den Vorräten der großen Kirchenväter lebte,[2] so das Christusbild aus dem byzantinisch-mysterienorientierten Pattern.

Und muß nicht auch noch der gotische Mandorla-Christus auf den Stirnseiten der gotischen Kathedralen, in den Evangeliarien, wie z. B. dem von St. Gereon zu Köln und anderen, aus dieser überzeitlich-entzeitlichen Sicht des Christusbildes verstanden werden?

2. Insbesondere seit der Renaissance erfolgt die Darstellung Jesu und biblischer Szenen im Zusammenhang mit der zeitgenössischen Sicht von Natur, Kultur und Gesellschaft. Es ist bekannt, daß am Ende des Spätmittelalters der Goldgrund als Zeichen der Überzeitlichkeit in religiösen Bildern der Landschaft weicht. Das hagiographische, das biblische und das Jesusbild werden in die zeitgenössische Natur, Kultur und Gesellschaft einbezogen. Die Gesichter werden portraithaft. Auch das Jesusbild erhält situative Züge. Was wäre Michelangelos Jüngstes Gericht in der Sistina ohne die Mischung von Realistik und Idealistik der menschlichen Körper, ohne das unbeschreiblich sanfte, blaßblaue und überhelle Morgenlicht über dem Erdbereich? Was wäre das Abendmahl Leonardo da Vincis ohne die Polarisierung der Gesichter zwischen den Verworfenheitsspuren des Judas und der für menschliche Wärme und Hoheit zugleich transparent gemachten Schönheit des Antlitzes Jesu? Konkretisierung der Expression des Lebens auch noch im Tod beim Gekreuzigten Grünewalds im Isenheimer Altar! Zeitgenössische Genrestimmung im Emmausbild Rembrandts am Ende des Dreißigjährigen Krieges: Herr, es wird Abend, der Tag geht zur Neige! Dazu die Tiroler Pestkreuze, die darstellen, wie er die Beulen und Geschwüre, die Wunden, für uns getragen hat, uns heilmachen wollte. Bis hin zu den religiösen Bildern, in denen unverkennbar all die menschlichen Grausamkeiten eingetragen wurden, die die abendländische Geschichte der Kriege, Femengerichte, Pogrome, Hexenprozesse usw. hervorbrachte: Breughel, aber auch Hieronymus Bosch und nicht zuletzt Grünewald haben ihre hagiographischen, ihre Verspottungs- und Geißelungsszenen auf diese Weise gesellschaftskritisch gemalt. – Kann die Spannung der Barockzeit zwischen Triumphalismus und Todesnähe schärfer kontrastiert werden als durch die zum Himmel geöffneten Deckenfresken und den Heiland an der Geißelsäule? – Und noch einmal verwandelt sich das Jesusbild in der Aufklärungszeit, in der Darstellung des großen Kinderfreundes, des Volkserziehers und Predigers.
Das Jesusbild ist in den gesellschaftlich kulturellen Zusammenhang gerückt. Kann man sagen, daß die Kunst jener Epochen ihre gesellschaftlichen Lebenssituationen in den neutestamentlichen Kontext einträgt, in den Umkreis Jesu, bzw. umgekehrt Jesus und seine Biographie in die Gegenwart hineinzeichnet? Man könnte dann sagen, es handelt sich um eine Mitvergegenwärtigung der biblischen Zeit in der Jetzt-Zeit, ein Verfahren, das hermeneutisch mit dem Ausdruck der Allegorese bezeichnet wird, der Mitvergegenwärtigung.[2] Die Künstler konfrontieren den Heilbringer von einst mit den Unheilssituationen der Gegenwart. Er erscheint dabei als der Überlegene, an dem Gott die Auswege aus dem Tod gezeigt hat (1 Sam 2).
Im Vergleich zur ersten großen Epoche der divinisierten Christusdarstellung ist in der zweiten Epoche Christus aus dem Goldgrund-Dasein in die gegenwärtige Gesellschaft hineingemalt worden. Unverkennbar und spezifisch für jene Zeit – im Unterschied zu unserer Epoche – ist der gemeinsame, alle Christen der Kirche umspannende Interpretationshorizont von Individuum und Gesellschaft, von Natur und Kultur.

3. Seit der Säkularisierung unserer Gesellschaft im neunzehnten Jahrhundert entstand neben der kirchlichen eine beachtliche außerkirchliche Jesusinterpretation in der darstellenden Kunst.

Kirchlich heißt in diesem Zusammenhang die Darstellung Jesu, die aus dem Glaubensengagement der Christengemeinde kommt, zu der der Künstler sich bekennt. Er steht dann in der gesellschaftlich faßbaren Wirkungsgeschichte Jesu. So war es der Fall in der Christus-Maiestas-Epoche des ersten Jahrtausend, ebenso in der Christus-Mensch-Bild-Epoche der Neuzeit zwischen dem 16. und 19. Jahrhundert.

Zumindest seit diesem Jahrhundert gibt es auch Christus-Darstellungen, die außerhalb dieses kirchengesellschaftlichen Zusammenhangs stehen. Ich nenne Beispiele: Paul Gauguins *Gelber Christus,* Emil Noldes neunteiliges *Leben Christi* (1911/12), Lovis Corinths *Ecce homo* (1925), James Ensors *Einzug Jesu in Brüssel,* Otto Dix' *Kreuzigung,* Giacomo Manzus *Christusreliefs,* Francis Bacons *Münchner Kreuzigung* usw.

Solche Bilder sind in ihrem Entstehungszusammenhang deshalb möglich, weil wir in einer pluralen Gesellschaft leben. Das heißt, unsere Gesellschaft hat verschiedene Interpretationshorizonte für das Verständnis von Welt und Mensch. *Ein* solcher Interpretationshorizont ist der des christlichen Glaubens, differenziert nach Konfessionen. Aber Jesus ist auch außerhalb dieses Horizonts, außerhalb der Kirchen, wirksam. Welche Bedeutung hat das für die Geschichte der Jesusdarstellung?

Ich beginne bei einer Analogie im theologischen Bereich. Der alte Grundsatz ist bekannt: Außerhalb der Kirche kein Heil! Das Zweite Vatikanische Konzil hat diesen Grundsatz verändert (Kirchenkonstitution Kap. 8): Außerhalb ihrer Gemeinschaft können vielfältige Elemente der Wahrheit und Heiligung gefunden werden. Dahinter steht nicht nur die Erkenntnis, daß der Geist weht, wo er will, sondern auch die Feststellung, daß sowohl außerhalb der katholischen Kirche wie außerhalb der christlichen Kirchen nicht selten die Anliegen Jesu der Sache nach unter Umständen ebenso vertreten und verwirklicht werden wie in der Kirche. Initiativen zur Völkerverständigung, zur sozialen Hilfe, zur Chancengleichheit und viele andere stehen so als Säkularisate der Kirche und den Kirchen von außen positiv provozierend gegenüber. Übertragen wir diese Analogie in den Bereich der darstellenden Kunst des Jesusbildes: Die erfrischende Unbekümmertheit, die fundamentale Menschlichkeit, die verblüffende Neuartigkeit von Jesusdarstellungen in unserem Jahrhundert ist auffällig. Das sozial-politische Anliegen bei James Ensor, das menschlich-magische und urreligiöse Anliegen Emil Noldes, der Umstieg unter politischem Arbeitsverbot zur Darstellung des menschlichen Menschen schlechthin bei Giacomo Manzu, die Inkarnation menschlicher Not und Gequältheit bei Francis Bacon usw. Diese Darstellungen sind zwar nicht in der gesellschaftsgebundenen Wirkungsgeschichte, die wir Kirche nennen. Aber gleichwohl thematisieren sie der Sache nach fundamentale Anliegen Jesu. Er wandte sich im Zuge seiner Sendung und seines Anspruchs den Konflikten seiner Zeit und Gesellschaft zu: den Aussätzigen, den Gelähmten, den Zöllnern und Dirnen, den Deklassierten jeder Art, den Schuldigen, denen, die auf dem Weg der Sinnsuche sind, die bereit sind umzukehren, ihre Verlorenheit bei einem barmherzigen Vater aufheben zu lassen.

 Die *außerkirchlichen* Jesusbilder stellen nicht nur dadurch eine Herausforderung kirchlicher Kunst dar, daß sie fast durchweg der großen Kunst unseres Jahrhunderts angehören, sondern auch insofern, als sie entscheidende Elemente des Anliegens Jesu thematisieren.

Man muß wohl noch einen Schritt weitergehen und sagen: Sie haben eine spezifisch religiöse Dimension. Religiosität verstanden als der engagierte Versuch des Menschen, sich selbst zu überschreiten, wie Blaise Pascal sagt, der Versuch, die Tiefendimension unserer menschlichen Existenz aufzusuchen und auszusagen, wie Paul Tillich formuliert, den Sinn des Lebens zu suchen.[3] Verstehen wir Religiosität so, dann erhalten wir, weit über diese Thematik hinaus, ein Beurteilungskriterium für all jene Darstellungen, in denen es um Ursituationen menschlichen Lebens geht, wie sie besonders Edvard Munch, aber auch Picasso, Paul Klee und viele andere dargestellt haben.

Die Gegenfrage lautet, ob bibelszenische, hagiographische, kirchenliturgische Bilder schon deshalb als christliche Kunst anzusprechen sind, weil sie thematisch in diesem Einzugsbereich liegen. Es könnte sich herausstellen, daß Jesusdarstellungen, denen das Risiko und das Engagement der Sinnsuche und Transzendenz fehlt, weder religiös noch christlich sind. Und umgekehrt muß man damit rechnen, daß Jesusdarstellungen außerkirchlicher Herkunft zumindest die religiöse und auch die Glaubensdimension enthalten.

II.

Wie sind Absicht und Anspruch der Christusbilder von Roland Peter Litzenburger im Zusammenhang des bisher Gedachten zu orten? Es geht um die Interpretation von Bildern aus zweieinhalb Jahrzehnten. Der Versuch einer gewissen Zuordnung dieser Werke zu der bewußten oder unbewußten Absicht ihres Schöpfers eröffnet drei Grundgedanken, die für die Deutung des Werkes als Hilfe angeboten werden:

In der zeitlich ersten Phase wird Jesus als der Christus des Mysteriums dargestellt, eine zweite Phase zeigt Jesus als den Menschen für andere und durch andere, in einem dritten und neuen Zugang sehen wir Bilder der Verfremdung, in denen Jesus der Narr zum Künder einer neuen Menschlichkeit verwandelt wird.

4. Der Einstieg in die Darstellung des Christusbildes ist bei Litzenburger am Zentralmysterium der christlichen Kirche orientiert.

Im Jahrzehnt zwischen 1950 und 1960 entstehen der *Blaue Christus* (1950), die *Dreifaltigkeit* (1952), der *INRI* (1957), das erste *Emmaus*-Bild als Lithographie (1959) und der sogenannte *Graue Christus* mit der Unterschrift *Und Jesus antwortete kein Wort mehr* (1960). Die Anknüpfung an das Pascha-Mysterium, an die Glaubenstradition und die Festfeier der christlichen Gemeinde ist sichtbar. Der *Blaue Christus* zeigt ein in schwarzer Tusche gezeichnetes Antlitz, das auf einen kosmischen Hintergrund von Erde und Himmel, von See und Mond aus blauer Tinte geschrieben ist, in ikonenhafter Strenge. Griechische Pantokratorbilder assoziieren sich dem Betrachter und das Wort aus dem Epheserbrief über den Auferstandenen, der *als Haupt das All zusammenfaßt* (Eph 1,10). In Spannung und doch polarer Ergänzung zu diesem österlich-eschatologischen Christusbild steht das *schmale, hagere Gesicht mit den fragenden Augen* (R. Baumann) des *INRI*-Christus, des expressivsten Passionsbildes aus der Mysterienphase. Darin stecken bereits die gedanklichen Ansätze für jene individuelle Vielfalt, in der das Christusbild der zweiten Phase entworfen wird. – Ikonenhaft ist auch die *Dreifaltigkeit;* direkt an Rubljew erinnern die drei Gesichter, die so komponiert sind, daß sie sich gegenseitig zur Gesichtwerdung Anteil geben; Spuren engelhafter Attribute und der Becher auf dem Tische des gemeinsamen Mahles zeigen das Zitat der drei Boten des Allerhöchsten im Tale bei Abraham an.

Die Bilder dieser Zeit, gerade auch das *Emmaus*-Bild als formale Erinnerung an die *Dreifaltigkeits*-Ikone, finden ihren Höhepunkt und Abschluß im *Grauen Christus.* Jesus der Christus für die Glaubensgemeinde und in der Glaubensgemeinde, der Mann mit den zu dichten Strichen zusammengepreßten Lippen, mit der herabgezogenen Dornenkrone, die ihm wie ein Maulkorb umliegt, hat keine weitere Aussagechance wie einst vor Pilatus. Ist Litzenburger mit dem Christus des Frömmigkeitsbildes zu Ende gekommen?

Wir stehen sowohl vor einem Problem der religiösen wie der christlichen Kunst. Kunst ist für den Betrachter die Herausforderung zu einer neuen Weise, sich und die Welt zu sehen, ist Provokation zum Lernen, zu Meditation und Veränderung. Religiöse Kunst ist die Herausforderung zur Sinnsuche. Christliche Kunst wäre dort zu finden, wo die Vitalität der Herausforderung und die Provokation zur Sinnsuche die jesuanischen Dimensionen ausdrücken: also Gottes Verheißung und menschliche Hoffnung, Freude und Sehnsucht durch alle Hoffnungslosigkeit und Ausweglosigkeit menschlichen Lebens hindurch. Mir scheint, daß dieser dreischichtige Anspruch christlicher Kunst für Litzenburger auf dem Weg des ikonenhaften Mysterienbildes nicht mehr weiter einzulösen war.

5. Jesus als Mensch für andere und durch andere

Für viele Künstler sind soziale, politische, individuelle Konflikte in spezifischer Weise Anlaß zu Auseinandersetzung und Ausdruck. Edvard Munchs *heimkehrende Arbeiter,* Otto Dix' *Triptychon einer Großstadt,* Max Beckmanns *Tanzbar in Baden-Baden,* Francis Bacons *Münchner Kreuzigung,* Walter Stallwitz' *Schlingenmenschen* zeigen das ebenso wie die gesellschaftskritischen Stücke von Eugène Ionesco, Friedrich Dürrenmatt, Peter Handke u. a.

Wir leben in der Konfliktgesellschaft: im privaten, politischen, kommerziellen Bereich. Deprimierend ist die Erkenntnis unlösbarer Konflikte, die nicht selten in Gewalttätigkeit und Blutbad enden: die Konzentrationslager, die amerikanische Bürgerrechtsbewegung, der Biafra-Konflikt, der Krieg in Bangladesh, das Fanal von Mylai in Vietnam. Schockierend wirkte auf die Fortschritts- und Wissenschaftsgläubigkeit die Contergan-Katastrophe. Unverkennbar ist das weiterschwelende Problem der Hungersnöte, bedrohlich der irrationale Terror des Anarchismus in der Demokratie. Die Macht des Bösen erscheint multilateral und höhlt die Menschlichkeit aus.

Für Christen stellt sich deshalb die Frage nach der politischen, sozialen, wirtschaftlichen und musischen Mitverantwortung, nach der Wirksamkeit ihres Glaubens, der in Inkarnation und Auferweckung einen unvergleichlichen Anspruch in die Geschichte eingebracht hat. In den Konzeptionen der politischen Theologie entstand ein Jesusbild, in dem er von einigen als Revolutionär, von anderen als Vorkämpfer gegen Unterdrückung und Deklassierung gesehen wird. Jesus wird neu verstanden als *der Mensch für andere,* wie ihn Dietrich Bonhoeffer nannte und Dorothee Sölle nennt.

Er ist der Mensch, der Mann Gottes, der für Unterdrückte und Entrechtete seiner Gesellschaft eingetreten ist, der Kranke und Gemarterte geheilt hat, der selbst den Toten Lebenssinn zuweisen konnte. Ein neues Jesusbild ist entstanden: es zeigt, wie er sich im Namen Gottes gerade mit den drop-outs seiner Gesellschaft identifizieren kann; wie er durch gewaltlosen Einsatz Hoffnung auf Frieden weckt. Und das nicht nur aus humanem Elan, sondern aus seinem *Transzendieren auf Gott hin.*[4]
Mir scheint, diese vielfältigen politischen und theologischen Phänomene sind die Ansatzpunkte dafür, daß Litzenburger Jesus für die Ausweglosigkeit unserer Gesellschaft reklamiert. Dabei macht er ihn einerseits zum Anwalt und Stellvertreter der Geängstigten, der Gehetzten, der Kleinen: er läßt aus dem *Tod am Kreuz* (1967) den *Schutzmantel-Christus* werden (1971); er variiert das Thema der Freundesrunde, der Basisgemeinde, in seinen vielen Entwürfen des *Emmaus*-Bildes (von 1957 an). Er reduziert die Kreuzigungsgruppe der Passionsberichte auf das Thema *Mitgekreuzigt* (1972) und erweitert es damit auf alle und jeden einzelnen Menschen, mit dem und der mit Jesus in Gott hinein stirbt. Andererseits: So wie die menschlichen Situationen des einzelnen und der Gesellschaft Anlaß zu neuer Theologie und beide Anlaß zu einem neuen Jesusbild geworden sind, so treibt der Künstler die Theologie in eine neue Richtung durch eine kühne Umkehr der Identifikation. Wir kennen das Wort Jesu: *Was ihr dem Geringsten meiner Brüder getan habt, das habt ihr mir getan* (Mt 25,40). Die Verwunderung der Gerechten im monumentalen Bild des Jüngsten Gerichtes von Michelangelo in der Sixtinischen Kapelle ist bekannt. Litzenburger setzt eine weitere Gleichung hinzu: Was die geringsten Brüder ausgehalten haben, das haben sie für mich und für euch ausgehalten. Jesus ist nicht nur der Mensch *für* andere, sondern er erscheint uns *durch* andere: durch den verfolgten Farbigen, so zeigt es der *Schwarze Christus* (1965); durch diejenigen, die die Contergankatastrophe auszuhalten haben: *Conterganhreuz* (1971); durch diejenigen, die in der Hungersnot leiden: *Hungerkreuz* (1971); durch die Kinder im *Familienprozeß* (1973) usw.

6. *Die Verfremdung des Jesusbildes als Mittel für einen Neuzugang und ein neues Verständnis*

Um den Prozeß in der letzten Phase der Darstellung Jesu in Litzenburgers Jesusbildern verständlich zu machen, bedarf es einiger Hinweise auf die Informationssituation in der Gesellschaft der Massenkommunikation und der Informationsüberflutung. Norbert Wiener, der Erfinder der Kybernetik, sagt: *Der Gedanke, daß Information in einer sich ändernden Welt ohne merkbare Minderung ihres Wertes gestapelt werden kann, ist falsch.*[5] Durch Wiederholung verliert eine Nachricht ihre Wirkkraft. So ist es auch in der darstellenden Kunst. Die Wiederholung von Darstellungsformen mindert den Wirklichkeitsbezug, löst Langeweile aus, vermag genau das nicht mehr zum Ausdruck zu bringen, was Kunst ist: die Vermittlung einer neuen Sichtweise der Wirklichkeit als Herausforderung. Diesem Mangel an künstlerischer Gestaltungs- und Aussagekraft ging insbesondere Bert Brecht auf die Spur. Er hat das Mittel der Andersartigkeit des Aussagenmüssens reflektiert und ihm den Namen Verfremdungseffekt gegeben. Seine eigenen Worte: *Der V-Effekt besteht darin, daß das Ding, das zum Verständnis gebracht, auf welches das Augenmerk gelenkt werden soll, aus einem gewöhnlichen, bekannten, unmittelbar vorliegenden Ding zu einem besonderen, auf-*

fälligen, unerwarteten Ding gemacht wird. Das Selbstverständliche wird in gewisser Weise unverständlich gemacht, das geschieht aber nur, um es dann umso verständlicher zu machen.[6]

Dazu Hans-Dieter Bastian: *Die Verfremdung soll dazu dienen, den Akt der Einfühlung zu blockieren. Das Publikum wird nicht eingeladen, »sich in die Fabel (des ›Guten Menschen von Sezuan‹) wie in einen Fluß zu werfen«. Die Ereignisse dürfen nicht die Emotionen aufputschen, »sondern man muß mit dem Urteil dazwischen kommen können«. Dergestalt vermittelt die Verfremdung eine kritische Aufmerksamkeit. Sie inauguriert Krise im weitesten Sinn. Vertraute Sprache wird gespalten, traditionelle Verhaltensweisen erscheinen plötzlich zwielichtig, menschliche Gruppen treten auseinander. Verfremdung zerstört das amorphe, nur emotional konsumierende Publikum und schafft den Einzelkämpfer, der sich entscheidet. Verfremdung eröffnet und beschleunigt den Kampf des alten mit dem neuen.*[7] – Daß schon Jesus sich der Verfremdung bedient habe, ist eine Beobachtung Bastians: Im Gleichnis vom barmherzigen Menschen aus Samaria beantwortet er nicht die Frage: Wer ist mein Nächster?, sondern er nimmt die Hörer mit in eine völlig fremde Situation, in der ein Volksfremder das praktiziert, worum es im Anliegen der Nächstenliebe geht. Am Ende der Geschichte steht die Gegenfrage: Wer hat wohl als *Nächster* gehandelt? Die Eingangsfrage wird nicht beantwortet und damit erledigt, sondern vertieft zurückgegeben. Die Vertiefung geschah durch die völlig unerwartete und verfremdete Geschichte. Am Ende steht die Aufforderung: *Geh' hin und handle genauso!*

Schon bei der Begegnung mit dem *Kupferstandkreuz* in der Zwölf-Apostel-Kirche zu Mannheim-Vogelstang, mit dem Gekreuzigten, der den Kopf so weit nach oben wirft, daß sein Gesicht nicht mehr dargestellt wird, entzogen wird, kam mir der Gedanke, daß Litzenburger aus der bisherigen Art der Darstellung Jesu auszubrechen sucht. Zweifellos sind dabei auch Elemente des Hingabegestus, der Bezogenheit dieses Menschen Jesus zu seinem Vater, der stets gebliebenen Fremdheit seines äußeren Gesichts und seiner inneren Gesichte zu seinen engsten Vertrauten und Zeitgenossen impliziert. Das Stilmittel aber, das Ungewöhnliche der Darstellung, geht in die Richtung des Verfremdungseffektes: *Vertraute Sprache wird gehalten, kritische Aufmerksamkeit erregt.*

Ganz besonders deutlich wird das in der Serie *Christus der Narr*, die 1973 entstanden ist. Der Akt der Einfühlung wird blockiert. Traditionellem Hinsehen und Zuschauen wird eine Barriere errichtet. Das fertige Verständnis, das Vorverständnis über Jesus den Christus wird infragegestellt. Und wie am Ende des *Guten Menschen von Sezuan* wird der Betrachter aufgefordert:

Verehrtes Publikum, los, such Dir selbst den Schluß:
es muß ein Guter da sein, muß, muß muß!

Die als Publikum kamen sollen als *Täter* das Theater verlassen.[8]

Bezeichnend ist, daß dieses Thema gleichzeitig an verschiedenen Orten auftaucht. In ersten Zügen bei Georges Rouault, dann im Film *Das Gleichnis* im protestantischen Pavillon der New Yorker Weltausstellung 1966, wo Christus als Zirkusclown auftritt, besonders aber bei dem baptistischen amerikanischen Theologen Harvey Cox in seinem *Fest der Narren* von 1966: *Christus ist früheren Generationen in verschiedenartigem Gewand begegnet: als Lehrer, als Richter, als Arzt. In unserer heutigen Welt haben diese traditionellen Bilder Christi viel von ihrer Macht eingebüßt. Jetzt ist Christus in einem neuen, oder eigentlich in einem alten, aber wiederentdeckten Gewand auf die Bühne des modernen säkularen Lebens getreten. Es erscheint Christus der Harlekin: die Personifizierung der Festlichkeit und der Phantasie in einer Zeit, die beides fast verloren hat. Geschminkt und im Scheinwerferlicht vermag dieser Christus unserem abgehetzten, modernen Bewußtsein nahezukommen, wie das andere Bilder des Christus nicht vermögen.*[9]

Bei Litzenburger geht es um eine andere Perspektive. Er sieht nicht so sehr den Mann, der unserer hektischen, verbürokratisierten, tierisch ernsten Gesellschaft die Alternative von Festlichkeit und Phantasie anbietet. Wenn ich recht sehe, geht es ihm um den sensiblen Menschen, der fragile Menschlichkeit in ihrer Verletzlichkeit personifiziert. Um den Menschen, der aus einer unergründlichen Tiefe heraus sein Antlitz und seine Existenz hinhält aus Lauterkeit und einer geradezu lächerlich anmutenden Hoffnung, daß sich Wahrheit, Güte und das Schöne in der gewalttätigen, verlogenen und maßlos ausgefranzten Gesellschaft durchsetzen mögen. Er hat sich seine Nase angestoßen: blutige Schminke und Spuren der Auseinandersetzung zeichnen sein Gesicht. Er ist ein Troubadour geworden, der den falschen und selbstgemachten Sitten spottet, der Hofnarr, der sich über gekrönte Häupter dann lustig macht, wenn sie mit ihrer Macht protzen, der Bänkelsänger, der das Lied der Liebe vorträgt, der Mensch, der kein Zuhause hat außer seinem Vertrauen auf Gott. Der auch dann noch vertraut, wenn er fragt: Mein Gott, weshalb hast du mich verlassen?

Litzenburger macht durch seine Kunst Mut zu riskantem Leben. Das zeigt die Entwicklung, die seine Christus-Darstellungen genommen haben. Vom Christus-Mysterien-Bild über den Christus-Identificator zum verfremdeten Christus wurde ein ästhetischer, ein theologischer, ein existentieller Weg eingeschlagen, der weiterführt. Es ist kein gebahnter Weg, das läßt sich im voraus sagen. Er wird oft, wie bei einer Nachtwanderung, zu suchen sein.

Günter Biemer

1 Vgl. Erika Dinkler – von Schubert, Christusbild: Religion in Geschichte und Gegenwart I^3, 1957, 1789–1798

2 G. Biemer, Verkündigung in der Geschichte der Kirche: B. Dreher – N. Greinacher – F. Klostermann (Hrsg.), Handbuch der Verkündigung I, Freiburg–Basel–Wien 1970, 296–334, hier: 311

3 Vgl. H. Fries, Religion: ders. (Hrsg.), Handbuch theologischer Grundbegriffe II, München 1963, 428–441

4 H. Schürmann, Der proexistente Christus – Die Mitte des Glaubens von morgen: Diakonia 3, 1972, 147–160

5 N. Wiener, Mensch und Menschmaschine, Frankfurt–Bonn 1964, 122

6 Bert Brecht, Schriften III, 174

7 H. D. Bastian, Verfremdung und Verkündigung, München 1967, 18

8 Ebda. 18

9 H. Cox, Das Fest der Narren, Stuttgart–Berlin[4] 1972, 181

Der kosmische Christus

Blauer Christus 1950

Schon der Titel *Blauer Christus* ist unerhört, und auch das Bild selber redet eine neue Sprache. Der Maler, der mit diesem Bild unversehens an die Öffentlichkeit getreten ist, hat offensichtlich etwas zu sagen, und zwar etwas, das über bereits Gewohntes und Vertrautes hinausgeht. Es ist ja schon so vieles über Christus gesagt worden, und die Geschichte der Kunst ist voll von Christusbildern. Doch der Christus in der Kunstgeschichte ist nicht der Christus heute und erst recht nicht der Christus für mich. Ich warte auf jemanden, der mir meinen Christus bringt.

Roland Peter Litzenburger bietet hier ein Bild an, das mein Bild werden kann. Ein solches Angebot kann er machen, weil es sein Bild ist, das er von Christus gewonnen hat. Es zeigt den erhöhten Herrn, der im Gehorsam den Tod am Kreuz auf sich genommen hat, und der nun alle *Vollmacht* besitzt *im Himmel und auf der Erde* (Mt 28,18). Es zeigt den Herrn, der über seiner Gemeinde steht, der sie lehrt und der über sie wacht. Das ist der Christus des Kolosserbriefs, *das Bild Gottes des Unsichtbaren, der Erstgeborene aller Schöpfung* (Kol 1,15), in dem *alle Vollkommenheit* (Kol 1,19) wohnt. Wenn irgendwo, dann ist es Litzenburger hier gelungen, das Bild des kosmischen Christus zu erfassen.

Das alles ist in kühnen, ungewohnten Farben gesagt, die aber ebenso fest geordnet sind wie die Formen der Linien. Das Gesicht ist in nasse Tinte und Tusche geschrieben, also nicht auf leeres Papier, und es ist daraus etwas wie eine Mondlandschaft geworden. Unverkennbar ein Aquarell ist es doch alles andere als ein »verschwommenes« Bild. Der Maler hatte viel zu konkrete Vorstellungen, wie sein Bild aussehen würde. Was er dann gezeichnet hat, ist nicht nur das, was er gerne malen wollte, sondern was er malen mußte.

Dieses Bild des Christus mit seiner herben Strenge und seiner verstehenden Güte eröffnet eine Schau, die weiter ist als die vertraute. Dieser Christus hat die schützende und absondernde Mandorla der mittelalterlichen Miniatur verlassen; er tritt dem Betrachter entgegen, er stellt sich unserer Zeit. Den vermeintlich byzantinischen Einschlag seines Gesichts nimmt man als willkommenen Anknüpfungspunkt, vielleicht auch die Kreuzesstrahlen um sein Haupt. Solche Anklänge an Gewohntes und Erprobtes zeigen, daß der Maler als Mensch, als Christ und als Künstler in einer Reihe langer Tradition steht. Er kann nicht einfach abschütteln, was gestern gewesen ist, er will es auch gar nicht. Was andere vor ihm gemalt, ist nicht einfach durch die Zeit überholt. So muß er sich aneignen, was andere über Christus gedacht, gewußt, gesagt haben, aber er muß es kritisch tun.

Der *Blaue Christus* ist unverkennbar eine Antwort auf den triumphalistischen Unfug der Christ-Königs-Darstellungen der dreißiger Jahre. Und er wird zu einer Heraus-

Blauer Christus
1950
Tinte und Tusche

forderung für den Betrachter, wenn er solche Dinge unbedacht nachgebetet hat. Litzenburgers Bild macht deutlich, daß man nicht einfach nachsprechen darf, was einem von anderen vorgemacht wird. Was für die eine Zeit richtig ist, kann für eine andere nicht unbedingt Gültigkeit beanspruchen. Andere Zeiten haben andere Fragen und Antworten, andere Sorgen und Lösungen und deshalb auch – andere Bilder.
Es ist hier nicht alles gesagt worden, was es zur Person Christi zu sagen gibt. Aber es ist – das wird nun der weitere Weg des Malers zeigen – ein verheißungsvoller Anfang gemacht. Die seinerzeit auf dieses Bild aufmerksam geworden sind, haben recht behalten: Dieser Anfang trug Zukunft in sich.
Der *Blaue Christus* ist so etwas wie ein frühes Glaubensbekenntnis des Christen Litzenburger – nicht nur zu Christus selbst, sondern auch zur Heiligen Schrift, die uns Christus kündet. Das Bild reizt zur Auseinandersetzung. Denn erst mit der Annahme der Verkündigung, mit dem Hören des Wortes wird der Christus der Bibel zum Christus für mich. Die weisende Geste dokumentiert den Anspruch dieses Bildes: daß Christus vom Betrachter gehört und geliebt werde. *Rainer Ruß*

Dieses Blatt stellt nicht eine Szene aus dem Leben Jesu dar, wie man es bislang gewohnt war. Es versucht in das Gesicht Jesu zu schauen und fragt: Wer bist Du?
Jesus ist ein Mensch. Und er ist zugleich der Mensch, in dem die Herrlichkeit Gottes aufstrahlt. Gott ist in ihm gegenwärtig für das neutestamentliche Gottesvolk wie er einst in der Wolke gegenwärtig war für die wandernden Hebräer. Jesus ist der neue Mose. Sein Angesicht leuchtet wie das des Mose. Aber er ist mehr als dieser. In Jesus begegnen wir Gottes Herrlichkeit, und wir müssen unser Angesicht nicht mehr bedecken, wenn wir Gott schauen wollen.
Wenn man mit Schülern über den *Blauen Christus* spricht, dann streiten sie meist darüber, ob er mit seiner Hand segnet, ob er das Zeichen des Friedens gibt, oder ob er die Hand mahnend als Richter erhoben hat. Sie werden sich nie einig, ob Jesus auf dem Bild ernst dargestellt ist oder gütig. Die einen wissen sich mehr angeschaut, die anderen angehört oder angesprochen.
Dieses Bild diskutiert nicht über die Sache Jesu, sondern verweist auf ihn selber.
Josef Schuster

Auf ein unberührtes Blatt zu schreiben, zu zeichnen, schien ein Formen ins Nichts. Das weiße Blatt war zu indifferent; ich wollte Substanz darauf vorfinden: ungeformte Materie, Chaos, Welt. Ich malte oft über bereits irgendwie beschmierte Tafeln oder aber auch Teilstücke älterer Malereien, die ich, entgegen der laufenden Pinselstruktur, neu zu formen versuchte. Rhythmus und Dynamik spielten eine Rolle. Hineinschreiben in die Materie, das war es, was ich wollte. In das Fleisch ein Zeichen setzen, besser: inkarnieren. So sollte der Schriftzug immer wieder »geübt« werden, bis der Ausdruck da war – im Duktus! Später habe ich aus dem Stoff heraus zu formen versucht. In Holzschnitten und in Abwaschtechniken. Alles das lief auf eine Anwendung der Malerei im Stoff, an der Wand, am Gegenstand hinaus. Die Malerei ist nicht an sich, sie ist im Fleisch das Bild, das »Durchsichtiggemachte« selbst. Noch bevor Tinte und Tusche erstarrten, schrieb ich das Antlitz hinein. Der Vorgang wurde so oft wiederholt, bis er der »Verheißung« zu entsprechen schien. *Roland Peter Litzenburger*

»Hilf, Herr, ich ertrinke!«

Petrus auf dem Wasser 1952

Die Woge,
formlos aufgebäumt,
starrend von Ertrinkenden,
deren gesträubtes Haar
den verzackten, zerrissenen Rand des Gischtes bilden,
stürzt über Petrus herab.
Aus der Mitte des Elementes reckt er,
ein einziger Angstschrei,
Arm, Hand, Finger, als sei er beides:
letzte Abwehr des Chaos
und dessen überwältigte Mitte und Inbegriff.
Jesus als einziger steht,
er begrenzt die Unwelt durch seine weisende Gebärde,
ja durch die ganze Kurve seiner Körperlichkeit.
Er bringt die Form in das Verlorene,
indem er sich der Welle vermählt
und mit ihr sich zu einem Kreise schließt,
der alles bändigt,
erlöst.
Und Petri Hilferuf
ist durch die Macht der Gnade
umgedeutet zur Geste der Anbetung.

Hans Urs von Balthasar

Petrus auf dem Wasser
1952
Tinte und Tusche

15. IV. 54

Agnus Dei
1954
Feder

Das Lamm Gottes

Agnus Dei 1954

Ich selber aber:
Wie ein zutrauliches Lamm,
das zum Schlachten geführt wird,
erkannte ich nicht,
daß wider mich sie Planungen planten:
Laßt uns den Baum in seinem Mark verderben,
laßt uns ihn roden aus dem Lande des Lebens,
nicht mehr werde seines Namens gedacht!
(Jer 11,19 in der Übersetzung von Martin Buber)

Johannes sah, wie Jesus auf ihn zukam, und sagt: *Seht, das Lamm Gottes, das die Sünde der Welt hinwegnimmt! Dieser ist es, über den ich gesagt habe: Nach mir kommt einer, der mir voraus ist, weil er eher war als ich.*
(Joh 1,29f in der Einheitsübersetzung)

Würdig ist das Lamm, das geschlachtet ist,
Macht zu empfangen, Reichtum und Weisheit,
Kraft und Ehre, Herrlichkeit und Lobpreis!
(Offb 5,12 in der Einheitsübersetzung)

Die aufgehaltene Wahrheit

Christus vor Pilatus 1955

Jesus vor Pilatus. Wer denkt hier nicht sofort an die berühmte Pilatusfrage: Was ist Wahrheit? (Joh 18,38) Doch nicht darum geht es hier. Es ist ja kein Zufall: Hier steht nicht Jesus vor Pilatus, sondern Pilatus vor Jesus. Mit verschlossenen Lippen. Hier wird nicht gefragt und diskutiert, sondern der Weg eines Menschen unterbrochen und aufgehalten. Lässig und entschieden zugleich.
Nicht aus prinzipieller Ablehnung oder gar aus persönlicher Feindschaft! Gewiß, Pilatus ist dem Angeklagten nicht zugeneigt. Auch läßt sein Blick auf kein Verständnis für den Angeklagten schließen. Aber Feindschaft? Wohl kaum. Nein, hier wird einfach deshalb Halt geboten, weil es dem, der für die öffentliche Ordnung zuständig ist, so besser erscheint.
Doch weshalb? Was ist an diesem Angeklagten derart gefährlich, daß man ihn aufhalten muß? Als ob er den, der so fest in sich gefügt ist und dessen Stand sich mit wenigen, klaren Linien umreißen läßt, ernsthaft ins Wanken bringen könnte! Nun, er dürfte auch nicht seinetwegen so entschieden haben. Doch der anderen wegen, über die er nun einmal zu wachen hat und auf die dieser Jesus direkt zugeht!
Zugegeben, von ihm ist keine Revolution zu befürchten. Man betrachte nur sein Szepter! Erinnert es nicht eher an einen Hirtenstab als an ein Herrschaftssymbol? Aber da ist das Gesicht, da sind die Augen, der Mund ... Wäre er nur ein Schmerzensmann, der mit seinem Leid hausieren geht, einer, der um Mitleid und Hilfe bittet! Man würde ihm mit behördlichem Wohlwollen beistehen, ihn versorgen – und weitergehen. Doch was man ihm antat, scheint ihm unwichtig zu sein.
Was kümmert ihn sein Heiligenschein?
Nicht um sich geht es ihm, nicht um das Unrecht, das man ihm antat, sondern offensichtlich um die anderen, deren er ansichtig wird und die ihn ansehen.
Und eben dies ist gefährlich!
Denn was ist für jeden Menschen beunruhigender, was aufregender als die Einsicht, daß ein anderer ganz für ihn da sein will? Was läßt alles Bisherige rascher als unwichtig erscheinen, was stellt es grundsätzlicher in Frage als die plötzliche Erkenntnis, für einen anderen wahrhaftig wichtig zu sein?
So könnte es zu einer unvorhersehbaren, unkontrollierbaren Bewegung im Volk kommen – zu einer Bewegung, die alles durcheinander bringt und alle Ordnungen gefährdet; zu einer Bewegung, von der niemand im voraus sagen kann, wie sie enden wird.
Deshalb muß ihr bereits zu Beginn Einhalt geboten werden. Denn schließlich ist für das Volk nichts wichtiger als Ruhe und Ordnung, Sicherheit und Beständigkeit!
Oder?

Meinrad Limbeck

5.IV.55

Christus vor Pilatus
1955
Feder und Tusche

HOC EST COR
PUS MEUM
1955/75

Keltertreter – Hoc est corpus meum
Einband zum Missale Romanum 1955
1975
Filzstift

Am Tag der Trunkenheit

Keltertreter 1955/75

Laß es uns noch einmal auf dem Tuch betrachten, o Veronika, wo du es aufgefangen ..., das Antlitz des Weinkelterers am Tage seiner Trunkenheit ..., wie es gemacht ist aus seinem Blut, seinen Tränen und – aus unserem Anspeien (Claudel, Kreuzweg). Im Anschauen, in der unmittelbaren Zwiesprache, kehren fast verlorene Erinnerungen zurück. *Ich will singen von meinem Freund, das Lied meines Freundes von seinem Weinberg* (Jes 5), von *Israel, der Lieblingspflanzung des Herrn* und ihrer herben Frucht. Die zweite Strophe geht schon hinüber in die Klage des Karfreitag: *Was hätte ich dir noch tun sollen und tat es nicht? Ich habe dich gepflanzt als meinen schönsten Weinberg, und du bist mir so bitter geworden. Mit Essig hast du mich getränkt und mit einer Lanze die Seite deines Erlösers durchbohrt. Mein Volk, was habe ich dir getan oder womit habe ich dich betrübt? Antworte mir!*
Ein anderes, fremdes Bild: Jener mit bluttriefenden Kleidern, der mächtig daherschreitet in seiner Kraft. *Warum ist so rot dein Gewand und deine Kleider wie die eines Keltertreters?* fragen sie ihn. *Ich habe die Kelter allein getreten und von den Völkern war niemand mit mir. Ich trat sie in meinem Zorn und zerstampfte sie in meinem Grimm. Da spritzte der Saft an meine Kleider und ich besudelte mein Gewand* (Jes 63). Ein grausiges Kelterfest – der *große und furchtbare Tag des Gerichtes* (Joel 2). Wie im Wahnsinn hat er gewütet, *es erwachte der Herr wie ein Schlafender, wie ein Held, der vom Wein bezwungen war* (Ps 77,65). Unheimlich ist diese Szene; der Schrecken des Dämonischen haftet daran. Es ist der eifersüchtige Gott, der *Blutbräutigam* (Ex 4,24), dessen Anwesenheit wir spüren. *Mein Weinberg – er gehört mir allein!* (Hld 8,12).
Die Kelter wurde außerhalb der Stadt getreten, und es floß Blut aus der Kelter (Offb 14,19), denn *nun war die große Traube zerstampft und verklärt* (Augustinus, sermo 267). *Ich sah das Blut und schauderte; ich sah den geopferten Leib und Beben ergriff mich* (Isaak von Antiochien, Homilie über den Glauben).
Magnum desiderium – *mit sehnlicher Liebe habe ich danach verlangt* (Lk 22,15). Auch die Braut des Hohenliedes hat danach verlangt, in das *Weinhaus* geführt zu werden (Hld 2,4). Dort *mischte er aus seiner durchbohrten Seite den Becher mit dem heiligen Blut und reichte es ihr, damit sie es trinke und ihre vielen Götzen vergesse ... Im Wein schlürfte sie ihn ein, damit die Welt erkenne, daß beide eins geworden sind* (Jakob von Batnä). Trunkene Seligkeit im *Hinübergang – was ist entsetzlicher, was aber auch liebenswerter, sage es mir!* (Johannes Chrysostomus, in epistolam I ad Corinthios 24,1).
Die Menschenkinder, sie laben sich am Überfluß deines Hauses, und mit dem Strom deiner Wonne tränkst du sie (Ps 35,9).

Maria Ruß OSB

Der Lehrer mit der Dornenkrone

INRI 1957

Auf den ersten Blick wirkt der Christus *INRI* fast traditionell: ein Christus mit Dornenkrone, der leidende, der auf seine Passion zugehende, der seine Passion durchschritten und durchlitten habende, der gekreuzigt-auferstandene.
Aber was den Betrachter nicht losläßt, ist das schmale, hagere Gesicht, sind die fragenden, bittenden, fordernden, geradezu bohrenden Augen. Das wird unterstrichen durch den Schatten auf der einen Seite des Gesichts und vor allem durch den dunklen Pinselstrich neben dem Gesicht Jesu, der wie ein Ausrufezeichen, wie ein Zeigefinger wirkt: hinweisend, mahnend, warnend, aufmerksam machend. Christus als Lehrer, als Verkündiger, als derjenige, der vollmächtig spricht und in seine Nachfolge beruft: *Folge mir, laß die Toten ihre Toten begraben!* (Mt 8,22). *Wer Ohren hat zum Hören, der höre!* (Mt 13,9). Christus, der vollmächtige Lehrer also, der Gesandte Gottes, der mehr ist als Prophet. Derjenige, der Gott neu auslegt, der den Willen Gottes neu interpretiert. Derjenige aber auch, dem und dessen Botschaft gegenüber an den Tag kommt, wovon wir Menschen leben und was uns letztlich bestimmt.
Ist dem so, dann muß man im Rückblick das theologische Gespür bestaunen, das Litzenburger 1957 in seinem *INRI* verrät. 1957, das heißt noch unter dem Pontifikat Pius' XII., Jahre vor dem Zweiten Vatikanischen Konzil, in einer Zeit, als in der katholischen Kirche fast alles noch beim alten zu sein schien, als die ersten schüchternen Ansätze eines veränderten Fragens nach Jesus und seiner Bedeutung allmählich im Raum der Universitäten sich zu regen begannen.
Was sollen wir aber heute noch mit der Dornenkrone? Ist sie damals nicht einfach stehengeblieben? Sollen wir sie uns nicht wegdenken? Sind der mahnende Finger und die fragenden Augen nicht genug?
Doch die heutige Theologie ist eben wieder dabei, den Tod Jesu als unveräußerlichen Teil seines Lebens und seiner Verkündigung zu begreifen. Nicht nur so, daß der Tod die notwendige Konsequenz seines Lebens war – angesichts der verhärteten Verhältnisse damals. Sondern so, daß sein Tod mit zur Glaubwürdigkeit und Verläßlichkeit seiner Verkündigung gehört, daß sein Tod, verbunden mit der Erfahrung seiner Auferweckung durch Gott, sichtbar macht, in welche Abgründe der Glaube an den Gott Jesu hineinführt und welche er zu durchschreiten vermag: alle, selbst die Abgründe des Sterbens und des Scheiterns, selbst die Abgründe menschlicher Ohnmacht und Schuld.
Anders gesagt: Die Verkündigung Jesu, sein Aufruf zur Feindesliebe, zum Ertragen und Überwinden des Bösen, zum Nicht-Richten, zu einem eindeutigen Ja oder Nein, zur Barmherzigkeit, sein Verweis auf Gott und sein Erbarmen, seine todüberlegene Macht sind so sehr Herausforderung für unsere Welt und unser durchschnittliches,

INRI
1957
lavierte Feder

normales Verhalten, daß für den, der sich auf das Wort Jesu einläßt, unweigerlich der Tod – zumindest der Eigenliebe, der üblichen Reaktion und Gegenreaktion, des Erfolgsdenkens, der sogenannten Lebenserfahrung – in den Blick kommt.
Der Lehrer mit der Dornenkrone macht seinem möglichen Jünger nichts vor. Er weist ihn auf den Ernst und die Folgen des Nachfolgens hin: *Die Füchse haben ihren Bau und die Vögel ihr Nest; der Menschensohn aber hat nichts, wo er sein Haupt hinlegen kann* (Mt 8,20). Um so eindringlicher trifft seine Stimme: *Folge mir nach!*

Rolf Baumann

Kunst ist, was Zukunft erwirbt oder zumindest anbietet, Kunst ist ganz Präsenz – je komplexer, um so mehr. Kunst ist die Fähigkeit zu sterben, um zu leben. Kunst, ja, das ist die Kunst zu leben im Angebot des anderen für das Angebot an den anderen. Kunst ist deshalb nicht einfach schön im Sinn von positivistischer Ästhetik – sondern gut im Sinne konstruktiver Lebensqualität. Sie muß das sogenannte Häßliche umschließen. Sie darf das Absurde nicht verleugnen. Sie kann nicht jenseits von Gut und Böse, von Tod und Krankheit schön sein – sonst würde ich ausnahmsweise vom vielzitierten Kitsch sprechen.
Aber das Leben selbst, das ist ja in all seinem Gelingen und Mißlingen die Sache, in der sich Höhepunkte, dramatische und völlig undramatische Verdichtungen ergeben, und da ereignet sich höchste Summe von Leben – was, so gesehen, für mich Kunst, also Dichtung, also Komposition, also Korreographie ist, in eben vollendeter Form, schier absoluter Form: Kunst. *Aus einem Brief von Roland Peter Litzenburger*

»Und Jesus antwortete kein Wort mehr«

Grauer Christus 1960

Litzenburger hat Christus, den liebenden, gezeichnet, den einsamen am Kreuz, den sterbenden, den toten. Seinen Grauen Christus stellte er unter das Wort: *Jesus aber antwortete kein Wort mehr* (Mk 15,5).

Was wollte er damit sagen? Litzenburger schreibt selbst dazu: Was mich zu diesem Bild und das Bild zu mir brachte, war die Frage nach unserem Zugang zur Wahrheit des Jesus von Nazaret. Ich meine damit die selbstverschuldete Verständnislosigkeit und Unfähigkeit unserer sich christlich gebärdenden Welt, den Zugang zur Wirklichkeit Jesu zu finden. Dieses mangelnde Verständnis für die Botschaft des Kreuzes besteht ja – wenn ich unter anderem an die Judenverfolgungen denke – schon seit Jahrhunderten im Christentum des Abendlandes. Diese Unfähigkeit, die Nachricht der Bibel recht zu erfassen, die Hilflosigkeit des Menschen, sich aus seiner anmaßenden Überheblichkeit und seinem falschen Machtdenken dem Mitmenschen gegenüber zu lösen und sich in die Liebe und die Mitverantwortung für den leidenden Bruder zu befreien, waren auch für mich Beweggründe zu diesem Bild.

Es scheint, daß Litzenburger zwei Bilder übereinander gemalt hat: Das des schweigenden Christus und das des leidenden Menschen, der ihn anschaut, der ihm nahekommen möchte in großer Sehnsucht, fast verzweifelt und allein aus Vertrauen existierend.

Der Graue Christus ist anders als Litzenburgers übrige Christusbilder, die offenen, die ansprechen durch die Forderung des Blicks oder die Güte des Hinneigens. Dieses Gesicht tritt zurück, es ist wohl da, ganz und gar da, und verbirgt sich doch hinter den gewalttätigen Pfählen der Kontur, die sich wie ein Gefängnis oder ein bösartiger alter Zaun schmerzlich davorstellen. Christus entschwindet hinter dem Zaun, wird blaß, grau, er *antwortet kein Wort mehr.*

Wir verstehen: Das Bild des verstummenden Christus will uns die Hindernisse zeigen, die dem Menschen den Zugang zu Jesus versperren. Wir selber sind es, die durch Errichtung der Sperren und Zäune mitschuldig geworden sind an der Gottesferne der heutigen Welt, in der unsere Theologen von der Gott-Unfähigkeit des Menschen und von der Gott-Losigkeit der Welt, oder mit Martin Buber von der Gottes-Finsternis sprechen und von der Sprachlosigkeit, in die die Glaubensaussage unserer Tage geraten ist.

Im schweigenden Christus begegnet sich der Betrachter des Bildes selbst. Er sieht den Menschen. Ecce homo! Er sieht sich in seiner Einsamkeit und Verlassenheit. Die gleichen Zäune, mit denen er sich den Blick auf Christus verstellt, sind es, mit denen er sich selbst gefangen nimmt.
Das Bild des gefangenen Menschen in seiner Ohnmacht und absoluten Trostlosigkeit zeigt, daß es über die selbstgesetzten Demarkationslinien hinweg nur einen Weg gibt zum Bruder und damit zum Vater: Wir müssen unsere Eigenmächtigkeit und Selbstherrlichkeit aufgeben. *Elisabet Plünnecke*

Die Passion und den Tod Jesu am Kreuz müssen wir sehen; wir dürfen sie nicht übergehen und am Ende gar mit einem falschen Verständnis des Auferstehungsbildes verharmlosen.
Die theologische Reflexion hat versucht das Christusphänomen »in den Griff« zu bekommen. Solche Bemühungen zu wissen, wer Christus sei, beginnen bereits im Neuen Testament. Die vielen Titel und Selbstbezeichnungen Jesu sind nichts anderes als der Versuch, das Geheimnis der Person des historischen Jesus und die Bedeutung des verkündigten Christus für die Gemeinde in Worte zu fassen. Diesem Bemühen ist eine natürliche Grenze gesetzt, die auch von der Christologie unserer Tage nicht überstiegen werden kann. Christus, unser Bruder, bleibt zugleich der uns Fremde. Diese Erfahrung wird jeder machen, der Christus liebt und ihm in seiner Sehnsucht nahekommen möchte.
Von der »Gottferne« der heutigen Welt können wir wohl nur so reden, daß wir damit unsere Eigenverantwortung meinen. Nicht der historische Jesus von Nazaret *sagt kein Wort mehr,* sondern der Christus in der Verkündigung heute. Wer leiht diesem Christus seinen Mund, damit er mit solchen Worten zu den Menschen unserer Tage rede, die auch zu verstehen sind? Und wer tut etwas dazu, daß die Menschen überhaupt jene Bereiche erreichen, wo von Christus geredet wird und wir mit einiger Berechtigung hoffen dürfen, daß Christus selber in menschlichen Worten zu uns redet?
Rainer Ruß

Der Mensch in Leid und Einsamkeit

Grauer Christus 1960

Das namenlose, statistisch nicht erfaßbare, unzählbare menschliche Leid schaut uns aus diesem Bild an: der Gram einer Mutter um ihr Kind, der Schmerz des in schmutzigem Krieg gefolterten Menschen, die Sorgen von Familien, die unter unzulänglichen Bedingungen leben müssen, das Leid jener Menschen – Priester und Laien – die an Jesus glauben möchten, aber an der konkreten Gestalt der Kirche Ärgernis nehmen. Der Mensch in seiner Trostlosigkeit, Einsamkeit, Verlassenheit, begegnet uns hier. In diesem Bild schaut er sich selber an, sieht er sich wie in einem Spiegel.

Der *Graue Christus* läßt den Eindruck gewinnen, daß Leid und Schmerz nicht die Ausnahmesituation darstellen, sondern gerade das, was den Menschen vor allem anderen kennzeichnet. Welch andere Aussage über den Menschen sollten wir auch angesichts unserer Situation heute machen? Wenn wir gegenüber früheren Generationen etwas voraus haben, dann eine gewisse Ehrlichkeit zur uns umgebenden Welt und zu uns selber, eine Nüchternheit und Desillusionierung über unsere Situation.

Ist es nicht sinnlos weiterzuleben? Hätte man nicht Grund zu verzweifeln? Gewiß ja, wenn man nicht der Wirklichkeit glaubte, die Litzenburger dadurch zum Ausdruck bringt, daß er diesem geschundenen Menschen den Namen *Christus* gibt. Das ist nicht willkürlich, sondern entspricht einer zentralen Aussage christlicher Botschaft. Jesus hat sich gerade der geschundenen Menschen angenommen, sich einfachhin mit ihnen identifiziert: *Wahrlich, ich sage euch, was ihr auch nur einem von meinen geringsten Brüdern getan habt, habt ihr mir getan* (Mt 25,40).

Um die Leidenden, Kranken, Verachteten ging es Jesus damals. Daß dies nicht eine einmalige historische Angelegenheit war, sagt uns die Botschaft Jesu. Gott hat in diesem Jesus alle Menschen angenommen. Die Schwere ihres Leids wird durch die christliche Botschaft zunächst keineswegs erleichtert. Doch die heute Leidenden bedeuten dem Vater so viel wie die damals leidenden Menschen, ja wie sein leidender Sohn selbst. Allein die Tatsache, daß Gott wirklich Mensch geworden ist, und zwar selbst einer von den leidenden, zerschundenen Menschen, kann uns Hoffnung geben.

Norbert Greinacher

Grauer Christus
1960
Feder und Pinsel

Ein Christus der Aversionen

Schwarzer Christus 1965

Dieses Bild eines schwarzen Menschen ist mit heftig hingehauenen Pinselschlägen gemalt, die geprägt sind vom Entsetzen über die Untaten und Ungerechtigkeiten, die seit Jahrhunderten an schwarzen Menschen begangen werden, über Sklaverei, Unterdrückung und Lynchjustiz und die darin zum Ausdruck kommende Menschenverachtung.
Dieses Bild fragt uns: Ist das ein Mensch, ein Mitbruder, ein Ebenbild Gottes wie du, für den ebenso wie für dich Christus gestorben ist, gestorben auch für diesen Menschen, den ihr verachtet und mißhandelt, erniedrigt und quält?
Dieser schwarze Mensch ist gleichzeitig Stellvertreter für alle Entrechteten und Verfolgten, die wegen ihrer Hautfarbe, Rasse, Sprache, Religion oder Konfession leiden müssen – eine erschütternde Anklage gegen alle rassische, politische oder religiöse Diskriminierung, gegen verblendeten Fanatismus, der wie seit Jahrhunderten und Jahrtausenden heute noch immer für vermeintliche Ideale, für unsinnige Vorurteile und unmenschliche Irrlehren, sogar aus angeblich religiösen Gründen und »im Namen Gottes« Menschen verfolgt, schändet und erniedrigt, ermordet und kreuzigt. Dieses Bild erinnert ebenso an die Schuld, die auch die christlichen Kirchen auf sich geladen haben, als sie Sklaverei, Leibeigenschaft, Antisemitismus, Unduldsamkeit gegen Andersdenkende und Andersgläubige nicht nur duldeten, sondern selber praktizierten.
Wann werden wir Christen begreifen, daß unser Gott auch der Gott der Andersdenkenden, der Andersgläubigen, der Andersrassigen, daß er auch der Gott der Ungläubigen und Atheisten ist?

Günther Kunze

Der *Schwarze Christus* weckt Emotionen und Aversionen. Es gibt Christen, die im Namen Christi gegen dieses Bild protestiert haben, die es immer noch ablehnen, die vorgeben, sie müßten Christus vor einem »solchen« Maler in Schutz nehmen und seine Rechte gegen diese sträfliche Mißdeutung verteidigen. Sie argumentieren: Christus ist ein Mensch ohne Fehl und Tadel und auch noch in seinem Tode schön gewesen. Das klingt einleuchtend und respektvoll. In einem gewissen Sinn mag es sogar richtig sein. Doch wichtiger als alle frommen Anmutungen ist die Aussage der Heiligen Schrift. Und da heißt es eindeutig, Christus sei uns in allem gleich geworden, die Sünde allein ausgenommen. Und das heißt doch, daß er die Grausamkeiten und Gemeinheiten, die man ihm angetan hat, auch ebenso empfand, wie einer von uns sie empfinden würde. Und daß die argen Mißhandlungen bis hin zur Kreuzigung unverkennbare Spuren an seinem Leib hinterlassen haben. Es besteht kein auch noch so frommer Grund, dies hinweg zu disputieren.
Wenn Christus uns in allem gleich geworden ist, dann heißt das auch unzweideutig, daß er nicht nur für die Weißen da ist, sondern auch für die Gelben, Roten und Schwarzen. Er ist genauso einer der ihren wie er einer der unseren ist. Daß Christus von weißer Hautfarbe war, gibt den Weißen kein Recht, ihn für sich zu beschlagnahmen. Es ist ja keineswegs sicher, daß der Christus heute noch einmal ein Weißer wäre.

Rainer Ruß

Schwarzer Christus
1965
Lithographie

R. 67

Tod am Kreuz
1967
Lithographie

Mittler zwischen Himmel und Erde

Tod am Kreuz 1967

Andere Bilder haben das Haupt des Gekreuzigten gezeigt, sein Gesicht. Und alles, was dem Maler wichtig war, hat er in das Gesicht Christi hineingezeichnet. Bei diesem Bild ist es anders; hier redet nicht das Gesicht, sondern die ganze Gestalt.
Der Maler hat diesem Christus eine bestimmte Haltung gegeben, die wir befragen müssen, wenn wir die Aussage des Bildes erfassen wollen. Die Gestalt des Gekreuzigten kommt von oben, und von oben wird sie gehalten. Von einem Kreuz ist nichts zu sehen. Ohne Kreuz ist dargestellt, was der *Tod am Kreuz* meint: Was Gott den Menschen zu sagen hat und was er an diesen tun will, das hat er mit dem Leben und dem Tod seines Christus verknüpft.
Das ist nicht irgendein Mensch, mit dem Gott sein Handeln verbindet, sondern der exemplarische Mensch. An Ostern hat Gott sich vorbehaltslos zu ihm bekannt. Sein Mensch-Sein ist beispielhaft. Und weil es Christ-Sein nur über das Mensch-Sein gibt, wird sich jeder Christ als ein Jünger Jesu am Mensch-Sein Jesu orientieren müssen.
Der da hängt, ist nicht für sich allein. Sein Tod geschieht für die anderen. Er ist wie ein Gefäß, das alles ausgegossen hat. Alles hat er hingegeben, seinen freien Willen, sein Leben. Er verfügt über nichts mehr. Restlos hat er sich verschwendet. Sein Leben ist genau das Gegenteil eines »erfüllten« Lebens. Johannes vergleicht es mit dem Weizenkorn, das sterben muß, um Frucht zu bringen.
Sterben ist auf diesem Bild sichtbar, gläubiges Sterben. Der da in den Tod geht, weiß warum. Doch die Frucht des Sterbens ist nicht mehr zu sehen. Es hat dem am Kreuz hängenden Jesus keiner sagen können, sein Tod sei ein »Heilstod« gewesen, wie es die Dogmatiker später wissen. So etwas kann man erst im Lichte von Ostern sagen. Trotzdem atmet dieser Christus bereits Zuversicht, und damit geht diese Christus-Interpretation weit über den etwa von Markus in seiner Passion gezeichneten Jesus von Nazaret hinaus. In dem Tod am Kreuz, den der historische Jesus erlitten hat, erkennt die gläubige Gemeinde den Christus, den Gott als ihren Herrn bestellt hat.
Der Maler hat die Kreuzigung Christi geschichtlich gesehen: als einen Vorgang, der für die Zeit und die Welt nach Jesus von Bedeutung ist. Daß niemand unter dem am Kreuz Ausgespannten steht, ist eine Anfrage an alle, die vom Tod Christi betroffen sind.

Rainer Ruß

Das entzogene Antlitz

Mannheimer Kreuz 1969/70

1970/71 schuf Litzenburger ein 4,90 m hohes Standkreuz, aus Kupferblechen und -profilen aufgebaut, gefaltet und geschweißt. Die mächtige Kupferskulptur ragt vom Predigtplatz aus in den Raum der als Zentralbau angelegten Zwölf-Apostel-Kirche in Mannheim-Vogelstang. Die in Ypsilon-Form aufragenden Arme greifen die Bewegung des Faltdaches im Gegenrhythmus auf. Die Einfaltung und Auffaltung, das fließend geäderte und geschuppte Material des Kupfermantels hat die physische Leiblichkeit aufgebrochen, offen-gemacht nach außen. Der sterbende Lebende sammelt den Raum der ganzen Kirche in seine Faltung hinein, in die Dynamik, die von dem wie Wurzeln nach unten weisenden Füßen bis zu den aufgereckten Armen und den aufgespreizten Händen geht.
Einzigartig ist das Phänomen, daß der nach oben geworfene Kopf das Antlitz des Christus der Gemeinde entzieht. Diese überraschende, völlig neue Darstellung enthält eine Christusdeutung, die sich der Rede vom »Tod Gottes« widersetzt. Das entzogene Antlitz ist Verweis auf eine Christologie, die hier in vier Aspekten beschrieben werden soll.

1. Die Hoffnung Jesu
Die Zeit ist erfüllt, das Reich Gottes ist nahe herangekommen, kehrt um und glaubt der frohen Botschaft! (Mk 1,15): In diesem zusammenfassenden Satz kommt die Absicht und Sendung Jesu zum Ausdruck, die Blickrichtung seines Lebens, die er den Menschen vermittelt hat, die mit ihm zusammen waren. So wichtig die Begegnung mit ihm für die Leute wurde, noch wichtiger war für ihn die Ausrichtung auf die Botschaft, die er ihnen gebracht hat. In der Sprache seiner Zeit lautet diese Nachricht: Gottes Reich ist nahe herangekommen. In einer Kurzformel der Gegenwart heißt sie: *Jesus hat die absolute Zukunft angesagt, die Gott ist* (K. Rahner).
Immer wieder im Verlauf seines Lebens, wie es uns in den Evangelien und im Anfang der Apostelgeschichte geschildert wird, verweist Jesus seine Freunde in diese Blickrichtung, in der das kommende Hochzeitsmahl, das kommende Gericht, die kommende Vollendung, das Kommen Gottes aussteht. Nicht, daß die Menschen auf ihn hin fixiert und fasziniert werden, war seine Intention, sondern, daß sie die Kehre ihres Lebens vollziehen und eine neue Blickrichtung kennenlernen. Daß sie sich mit ihm auf den Weg machen, daß sie sein Ziel teilen, daß er der Anführer zum Leben wird: das alles sind biblische Ausdrücke dafür, daß auch sie ihr Gesicht jener Zukunft zuwenden, auf die hin er lebt und stirbt. Wer Jesus nachfolgt, wer als Bruder mit dem großen Bruder geht, hinter ihm, mit ihm, Schulter an Schulter, der sieht sein Antlitz gar nicht. Vielmehr wird er durch den Blick Jesu in jene Richtung gewiesen, von der allein das Heil auf die Menschen zukommt.

Pfingstkreuz
Zwölf-Apostel-Kirche Mannheim-Vogelstang
1969/70
Kupfer geschweißt

Das Antlitz Jesu nicht darstellen, will sagen: Wir können Jesu Antlitz nicht sehen, wenn wir uns auf seine Blickrichtung eingelassen haben.

2. Die Fremdheit Jesu

Immer wieder tritt in den Evangelien die Andersartigkeit und Fremdheit Jesu in Erscheinung, die sich z. B. darin zeigt, daß er für sich ganz allein zum Beten, zum Gespräch mit dem Vater geht; daß er anders handelt und die Menschen behandelt als erwartet wird. Bis in die Annahme seines Hinrichtungstodes wird das sichtbar, in dem er ausweglos und gottverlassen den Aus-Weg sieht, den Gott für den Tod der Menschen bereitet. Dieses »Gesicht« Jesu, dieses sein Sehen und Schauen, war selbst seinen engsten Freunden so fremd geblieben, daß es immer wieder mißverstanden wurde. Es ist nur allzu berechtigt, in der künstlerischen Darstellung auch einmal davon auszugehen, daß dieses sein Antlitz so sehr Gott zugewandt war, daß die Menschen es nicht schauen konnten.

3. Die Stellvertretung Jesu

Gerade das Unverwandt-Hinhalten seines Gesichtes zum Vater, das seine unverbrüchliche Hoffnung zum Ausdruck bringt, zeigt die Stellvertretung, als die sein Leben im Nachhinein zu Recht in der Wirkungsgeschichte der Christenheit verstanden wird. Dieser Mensch sollte redlich und genau, gütig und hoffend unter uns Menschen leben, um der Verwaschenheit, der Angst und dem Grauen der Brutalität und Feigheit so vieler Gesichter, die wir haben, ein neues Profil zu geben. Wie dieses Profil, wie dieses Antlitz aussieht, ist nicht unmittelbar und ist nicht ein für alle Mal darstellbar. Zu verschiedenen Zeiten prägt es verschiedene Züge aus, die für unsere Zeit eben gerade noch nicht faßbar sind. Die Versuchung, die gestrige Sicht von Christus festzuhalten, ist groß, aber hinderlich. Der Künstler hat die als typisch romanisch, gotisch, renaissancehaft bekannten und idealisierten Züge des Jesus-Antlitzes verlassen. In der scheinbaren Leere gibt der Raum Spielraum zum Nachdenken über das, was das Antlitz Jesu, die Hoffnungszüge im Gesicht des eschatologischen Menschen sein und bedeuten können.

4. Das Antlitz des Bruders

Der Verfasser des Johannes-Evangeliums hat das Gleichnis aufgeschrieben: *Wer mich sieht, sieht den Vater.* Auch das Antlitz des Christus ist uns vergleichsweise sichtbar. Der auferweckte und fortlebende Herr, der immer beim Vater für uns eintritt, spiegelt sein Antlitz in all jenen, die von seinem Geist geleitet sind. Die auf ihn hoffen. Die Spiegelung seiner Züge in solchen Menschen, die erneut Halt und Hoffnung geben, auf seine Verheißung und ihre Erfüllung verweisen, wäre der Anhalt des Christus-Antlitzes unserer Zeit. Der Grundzug, der solchen Menschen gemeinsam ist – Johannes XXIII., Martin Luther King, Helder Camara – richtet sich auf die Behebung menschlicher Not, Solidarisierung mit Bedrückten, Freisetzung der Mitmenschen.
Die Entzogenheit der Darstellung des Antlitzes im Kunstwerk verweist auf seine Erscheinung in den Gesichtern der Mitmenschen, in deren suchenden, bittenden Augen das Antlitz des Christus aufleuchtet, *Was ihr dem geringsten meiner Brüder getan habt, habt ihr mir getan.*

Günter Biemer

Ein Osterbild

Niederstotzinger Kreuz 1970

Dieses Kreuz wurde aus Natursteinen zu einem Mosaik zusammengefügt, das in drei vorgesetzten Rosenquarzen kulminiert. Bemerkenswert ist, daß es keinen Namen bekommen hat. Auch von seiner Form her legt sich nicht ohne weiteres ein Titel nahe. Gewiß, wir sehen auf diesem Bild ein Kreuz. Aber es ist nicht massiv-dicht, aufdringlich, eindeutig. Es ist eigenartig verhüllt und erscheint fremd. Fast ist man an den alten Brauch erinnert, der die Kreuze in den Kirchen während der Passionszeit mit einem Tuch bedeckt hat, um sie am Karfreitag der betenden Gemeinde wieder unverhüllt zu zeigen. Doch dieses Kreuz hier ist seinem Wesen nach verborgen, fast verfremdet.
Von der Gestalt des Gekreuzigten selber zeigt es nichts. Es erinnert auch nicht an einen Galgen oder an ein Marterwerkzeug. Die Schmach des Kreuzes ist nur für den Wissenden noch zu erahnen. Sie ist bereits durchsichtig geworden auf die Osterfreude hin. Etwas von der Herrlichkeit der Auferstehung ist in diesem Bild eingefangen. Die Verklärung des Herrn und seine himmlische Herrlichkeit sind ja nicht mit ein paar Strichen darzustellen. Dafür gibt es keine »Formel«. Das ganze Bild meint die österliche Wirklichkeit.
Die Steine haben kräftige Farben, und doch ist die Sprache dieses Kreuzes nicht laut. Es kommt einem nicht entgegen, biedert sich nicht an. Es bleibt im Verborgenen – wie der auferstandene Herr. Es lebt dieses Kreuz sein eigenes Leben, und doch lebt es für uns und wir mit ihm. Es ist kraftvoll und stark im Ausdruck und erschlägt doch keinen. Der Kirche, an deren Chorwand es beherrschend steht, gibt es Richtung: Wer diese Kirche betritt, geht auf das Kreuz zu. So wird Kirche wieder zur Darstellung der Nachfolge Christi. Wer mit ihr unterwegs ist, geht mit Jesus nach Jerusalem unter das Kreuz.
Doch Kreuz ist nicht gleichbedeutend mit Ende, auch hier nicht in dieser Kirche. Das Bild wächst von unten nach oben. Eigentlich beginnt es viel weiter unten, tief im Schoß der Erde, und es hört mit der Decke nicht auf. Man hat den Eindruck, das Ganze sei wie ein großer Baum, der in uns unbekannte Bereiche hineinwächst, ein Lebensbaum. Diese Steine öffnen einen Sog, der mit nach oben reißt. Vielleicht ist das ein Gleichnis für unser Leben, das ja auch alle Bereiche durchwandert, dabei aber bereits in den göttlichen Bereich hineingehoben ist – sofern es den Weg des Kreuzes gehen will.

Rainer Ruß

Osterkreuz
St. Peter und Paul Niederstotzingen
1970
Natursteinmosaik

Der Markdorfer Jugendkreuzweg 1971

Unter *Kreuzweg* stellt man sich etwas anderes vor, den Weg Jesu von Jerusalem nach Golgatha, von der Verurteilung bis zur Grablegung, in 12 oder 14 Stationen in fast jeder katholischen Kirche nachgebildet: Anregung und Hilfe, jenem einmaligen geschichtlichen und heilsgeschichtlichen Ereignis immer wieder betrachtend nachzugehen.

Die fünf Bilder von Roland Peter Litzenburger unter dem Titel *Markdorfer Jugendkreuzweg 1971* scheinen mit all dem nur den Namen gemeinsam zu haben, und auch den nur in einem Teil.

Markdorf ist die kleine Stadt, an deren Rand Roland Peter Litzenburger wohnt. Pfarrer und Vikar von Markdorf saßen wenige Wochen vor Ostern 1971, wie auch sonst gelegentlich, zum abendlichen Gespräch bei Litzenburger. Und sie sprachen von dem Jugendkreuzweg, den die katholische Jugend Deutschlands seit Jahren jeweils vor der Karwoche betet. Sie fragten den Künstler, ob er ihnen bzw. der Jugend helfen könne. Er hat geholfen. Aber nicht nur ihnen, sondern allen, die mit ihm meinen, daß Jesus seinen Kreuzweg immer und überall und in jedem geht, und daß wir ihn deshalb nicht nur auf Bildern zu betrachten haben, die uns von hier und jetzt nach dort und dann führen, sondern – zumindest auch – auf Bildern wie diesen. Dann sind Markdorf und Jugend und 1971 nur noch Anlaß und Chiffre, freilich ganz konkreter Anlaß und konkrete Chiffre. So wie Jerusalem und Juden und Dreiunddreißig – oder wo, wer und wann immer es gewesen sein mag. Jerusalem liegt überall. Für Markdorf könnte genau so gut Madrid oder Marseille oder Maulbronn oder Moskau stehen. Und das *Crucifige – Kreuzige ihn* – klingt in allen Sprachen, einstimmig und vielstimmig. Und der Brudermord von Golgatha hat mit Kain und Abel begonnen, und er hat nicht aufgehört. Für 1971 könnte jede andere Jahreszahl stehen.

Siegfried Vögele

Er ist immer schon da

Schutzmantelchristus 1971

Auf herkömmlichen Kreuzigungsbildern rückt Jesus im Sterben gleichsam von uns weg. Hier kommt er uns nahe, ganz nahe. So nahe, daß unsere Augen gehalten sind, und daß wir ihn vor lauter Nähe nicht kennen. Wie die Emmaus-Jünger nach der Auferstehung. Während sie, während wir miteinander reden und überlegen, ratlos, weil wir immer noch das Kreuz im Rücken haben und nicht wissen, wie es weitergeht, ist er immer schon da. Er hat uns immer schon eingeholt. Er hat uns immer schon heimgeholt. Er hat uns angenommen. Wie eine Henne ihre Küchlein sammelt. Wie Maria als Schutzmantelfrau dargestellt wird. Nur braucht er keinen Mantel. Er hat gar keinen. Man hat ihn entkleidet. Er selbst ist der Schutzmantel, hautnah, mit Leib und Leben. »In ihm leben wir, bewegen wir uns und sind wir.« Alle. Die im Dunkeln und die im Licht. Deren Augen geöffnet sind, denen die Augen aufgehen zum Entsetzen oder zur Hoffnung, zu Gericht und Gnade.

Siegfried Vögele

Schutzmantelchristus
Markdorfer Jugendkreuzweg
1971
Tusche-Aquarell

Jesus stirbt nicht für sich allein

Schutzmantelchristus 1971

Ich sehe einen übergroßen Christus, der an einem nicht sichtbaren Kreuz hängt. Wir Christen wissen das ja: Kreuz ist für uns Schmuckstück, nicht mehr Galgen. Eine Handvoll Menschen blickt zu ihm auf. Sie scharen sich ängstlich zusammen, sie erwarten etwas. Sie scheinen – wenigstens teilweise – in den herabfließenden Strom des Lebens einbezogen, der von dem Sterbenden ausgeht. Schatten sind an der Wand. Das Grau ist mächtig in diesem Bild.

Ins Auge fällt die umgreifende Gebärde. Die überlangen Arme bilden gleichsam einen Mantel, der Schutz und Geborgenheit gewährt. Eine Schutzmantel-Madonna stand Pate für den Namen des Bildes. Nur sind hier nicht Papst, Bischöfe, die Stände, der Stifter oder der Maler unter dem Mantel, wie es im Mittelalter Brauch war; hier sind es Menschen ohne Rangunterschiede, nackte, erbärmliche Menschen, die Heil erwarten, die sich einbeziehen lassen. Keiner ist näher dran; nur zusammen, mit dem anderen, sind sie ergriffen vom Leben.

Ich kann mich fragen: Wie ist meine Beziehung zu einem solchen Christus? Bedeutet das Kreuz Christi, sein Getötetwerden durch Menschen, für mich Resignation – oder Ansporn zur Solidarisierung mit allen, denen es ähnlich geht?

Die Waage hat sich gesenkt. Jesus neigt sich herab – und in ihm Gott. Jesus ist die ergreifende und umfassende Liebe Gottes. In diesem Bild wird die Medaille umgekehrt: Mit *Brudermord* beginnt der Markdorfer Jugendkreuzweg, mit dem *Schutzmantelchristus* wird für den Glaubenden eine Lösung sichtbar. Für den, der umgriffen ist, der unter die Arme genommen wird, besteht die Utopie des Jesus von Nazaret weiter: Der Aufstand der Armen gegen jeden Brudermord, gegen alle Kreuzigungen, der Einsatz für das Leben im Kampf gegen Schmerzen und Tod. Dieses Bild soll uns Christen daran erinnern, daß die Christenheit in der Frage der Solidarität unter den Menschen oft versagt hat, daß wir aber im gemeinsamen Ergriffensein von der Liebe Gottes eine konkrete Utopie haben: das Prinzip Nächstenliebe als Konsequenz der sich entäußernden Liebe Gottes.

Graue Schatten liegen auf diesem Bild. Und Schatten werden bleiben. Entscheidend wird aber das Orange-Rot sein, das aufscheinende und durchbrechende Licht, das Leben bedeutet. Und alle sollen erkennen, daß Christen das Leben haben, daß sie nicht mehr in der Finsternis sind, wenn sie einander zugewandt sind und sich lieben (vgl. Joh 12,46; 13,35).

Es ist noch nicht vollbracht! Die schönen Worte aus Johannes gelten nur, wenn dieser Jesus, den wir Christus nennen, nicht für sich allein gestorben ist. Der *aufstand der armen in ewigkeit amen* (Kurt Marti) bleibt seine Hinterlassenschaft. *Gerhard Boos*

Ans Mittragen denken sie nicht

Kreuz der Satten 1971

Das Kreuz mit dem angenagelten Christus ist von einem schwarzen, einem gelben und einem roten Mann getragen. Sie vertreten die Kontinente Afrika, Asien und Lateinamerika. Eine Frau trägt mit. Ihr hat der Künstler ein grünes Kleid gegeben. Das ist ein Hinweis auf die Dirnen des abendländischen Mittelalters, die ein solches Gewand zu tragen verpflichtet waren. In das Geschehen schauen Köpfe, weiße Köpfe, seltsam verformt und konturenlos aufgeblasen, deren Aktivität darin zu bestehen scheint, daß sie sich im eigenen Klüngel mit Klatschstoff versorgen. An's Mittragen denken sie nicht.

Welches Anliegen wollte der Künstler darstellen? Der Herr trägt sein Kreuz nicht selbst. Der Jünger, der sich auf ihn beruft (vgl. Mk 8,34), ist darauf festgelegt, das Geschick Jesu, das zum Tod am Kreuzesbalken geführt hat, für seine Person zu übernehmen. *Er hat keine anderen Arme und Beine, es sei denn die unsrigen.*

Wir aber haben unser Kreuz anderen zum Tragen überlassen. Den Menschen und Völkern in Afrika, Asien und Lateinamerika, die unter der ungerechten Verteilung des Wohlstandes auf der Welt zu leiden haben, die der Not und der Verelendung täglich mehr ausgesetzt sind. Vor allem die Frauen unter ihnen gelten in ihrer Würde als Menschen auf der untersten Rangstufe.

Wir schauen zu. Wir setzen allzu gerne unsere Situation als Maßstab und kümmern uns nicht um die, über deren Schicksal wir beunruhigt sein müßten. Der Gekreuzigte ist für alle gekommen. Er hat Partei ergriffen für alle, die seiner Hilfe bedürfen. Für die Schwachen, Ausgemergelten und Ausgebeuteten, denen er am meisten ähnlich ist. Er ist aber auch der Gekreuzigte für die Satten, die in ihrer Maßlosigkeit den Maßstab verloren haben. Ihre Chance und ihr Heil liegt in der aktiven Solidarität mit den eigentlichen Kreuzträgern unserer Tage.

Erwin Mock

Kreuz der Satten
1971
Tusche-Aquarell

Ermöglichung der Kommunikation

Emmaus I/II 1972

Drei Menschen versammelt an einem Tisch. Wie er das Brot nimmt, das Dankgebet spricht, das Brot bricht und es ihnen gibt, trifft die Erkenntnis, daß es Jesus ist, die Freunde wie ein Blitz und beleuchtet augenblicklich die Szene. Die neue Lebenswirklichkeit Jesu scheint die anatomische Harmonie ihrer Leiblichkeit zu sprengen: Ihre Hälse recken sich unnatürlich lang aus den verzogenen Schultern. Ihre Leiber wirken schemenhaft. Es ist, als ob die neue Existenzweise Jesu ihr bisheriges Verständnis und die bis dahin gewohnte Sicht von Leben aus den Fugen werfe. Jetzt sind ihre Augen weit aufgerissen. Bisher waren sie wie zugehalten. Noch auf dem Weg hierher rätselten sie über das, was mit Jesus von Nazaret geschehen war. Die Nebel des nicht-Verstehens und die Traurigkeit darüber weichen zurück als blaue Farbe, die nach drei Seiten hin die Mitte des Bildes ermöglicht und freigibt. Und gleichzeitig beläßt das aufgewühlte, mit Schwarz vermischte Blau dem, was mit ihm geschehen war und was den Freunden hier mit ihm geschieht, sein jeweiliges Geheimnis.
Was er ihnen schon auf dem Weg zu erschließen versuchte, daß der Christus das alles leiden mußte, um so in seine Herrlichkeit zu kommen, ist hier gegenwärtig im Kreuz, dessen Balken den obersten Teil des Bildes ganz überquert, während der am oberen Bildrand beginnende Längsbalken sich durch das Bild hindurch fortsetzt in Haupt und Leib Christi. Die von den Schultern herabfallenden Arme der Jünger bilden mit ihren Knien zusammen die Fläche des Tisches, an dessen oberem Ende Christus sitzt. Die Geste seiner Arme läßt die Herzwunde frei. Während die drei Gestalten rot sind, ist die Herzwunde weiß und hat die Form eines Kelches. Der weiße Kelch, die roten Gestalten und deren auf der Tischoberfläche sich findenden Hände wollen wohl hinweisen auf den Austausch des Lebens: Er gab es dahin, damit wir es haben; auch, um es an andere weiterzugeben. Nur indem er litt und starb, kam er in die Herrlichkeit seines jetzt unvergänglich gewordenen Lebens, das er nicht für sich allein behalten, sondern uns mitteilen will, schon jetzt und beim ewigen Hochzeitsmahl. Auch dort wird also sein, was hier auf dem Bild als eine zentrale Wirklichkeit unseres Lebens ist: Kommunion, das ist Austausch des Lebens als Begegnung, Gespräch, Freundschaft, Mahl, Freude, als Liebe und Erkennen durch einander-nahe-Sein, als Geben und Nehmen, als Offensein voreinander und zueinander. In all dem geben wir einander Halt, sind wir einander Hilfe, Hoffnung, Vermittler und Versöhner.
Seit drei Jahrzehnten beobachte ich, daß Kommunikation eines von Litzenburgers großen, ihn bedrängenden Themen ist. Lange bevor man bei uns von Kommunikationstheorie und -therapie redete, zeichnete Litzenburger den Menschen in seiner dialogischen und kommunikativen Existenz. Unter dieser Perspektive kann man die

weiße Fläche, welche die drei Gestalten trägt, sondert und eint, als jenen zwischenmenschlichen Bereich verstehen, in dem sich durch gegenseitige Annahme und Zuwendung Selbstfindung ereignet. Die mit Licht und Schatten durchsetzten blauen Felder können als die geschichtliche Herkunft gesehen werden, aus welcher der Einzelne in den kommunikativen Vorgang eintritt: die persönliche Lern-, Lebens- und Leidensgeschichte. Das, was jeder hinter sich hat, wird in der Kommunikation gegenwärtig und lichtet sich möglicherweise in einen neuen Sinn für jetzt und für die Zukunft. So ist auch hier der Augenblick der Kommunikation mit dem Auferstandenen nicht für sich allein genommen hell. Er wirft gerade auch sein Licht auf das, was hinter ihnen liegt, in die Vergangenheit und macht diese verstehbar und annehmbar. Damit empfängt auch die Zukunft aus diesem Augenblick ihren Sinn: Noch in derselben Stunde brechen sie auf. Auch dort, wo Litzenburger sich dem Mahl zuwendet, malt er das Kreuz in diesen Vorgang menschlichen Lebens hinein. Darin sehe ich einen Hinweis auf ein Stück Leidensgeschichte von heute. Wir leiden an Einsamkeit, an Isolation, am Gefühl der Leere und der Abwesenheit von Sinn und damit an Einbuße von Leben. So bringt dieses Bild Sehnsucht ins Spiel: nach verlorengegangenen Lebensvollzügen, nach Kommunion, Teilnahme, Sinn und Lebensfülle als Glückserfahrung in der mitmenschlichen Beziehung. Sehnsucht aber auch nach Glauben. Denn er erst ermöglicht die Erfahrung des *Gott-mit-uns,* des *Ich-bin-bei-euch-alle-Tage* als einer mit Hoffnung auf Zukunft angefüllten Gegenwart.

Der Kelch als Herzmitte des Bildes zeigt uns den Weg dorthin: Er geht über die Selbstfindung durch die anderen zur Selbsthingabe an die anderen, das heißt: Selbstwerdung als Läuterung, Wandlung und Veränderung der eigenen Person. Dafür hatte Jesus andere Worte. Er sagte: *Bekehret euch, denn das Reich Gottes ist nahe herbeigekommen!* (Mk 1,15). Und im Johannesbrief heißt es: *Wir wissen, daß wir aus dem Tod ins Leben hinüber geschritten sind, denn wir können die Brüder lieben. Wer nicht liebt, bleibt im Tode* (1 Joh 3,14).

Theresia Hauser

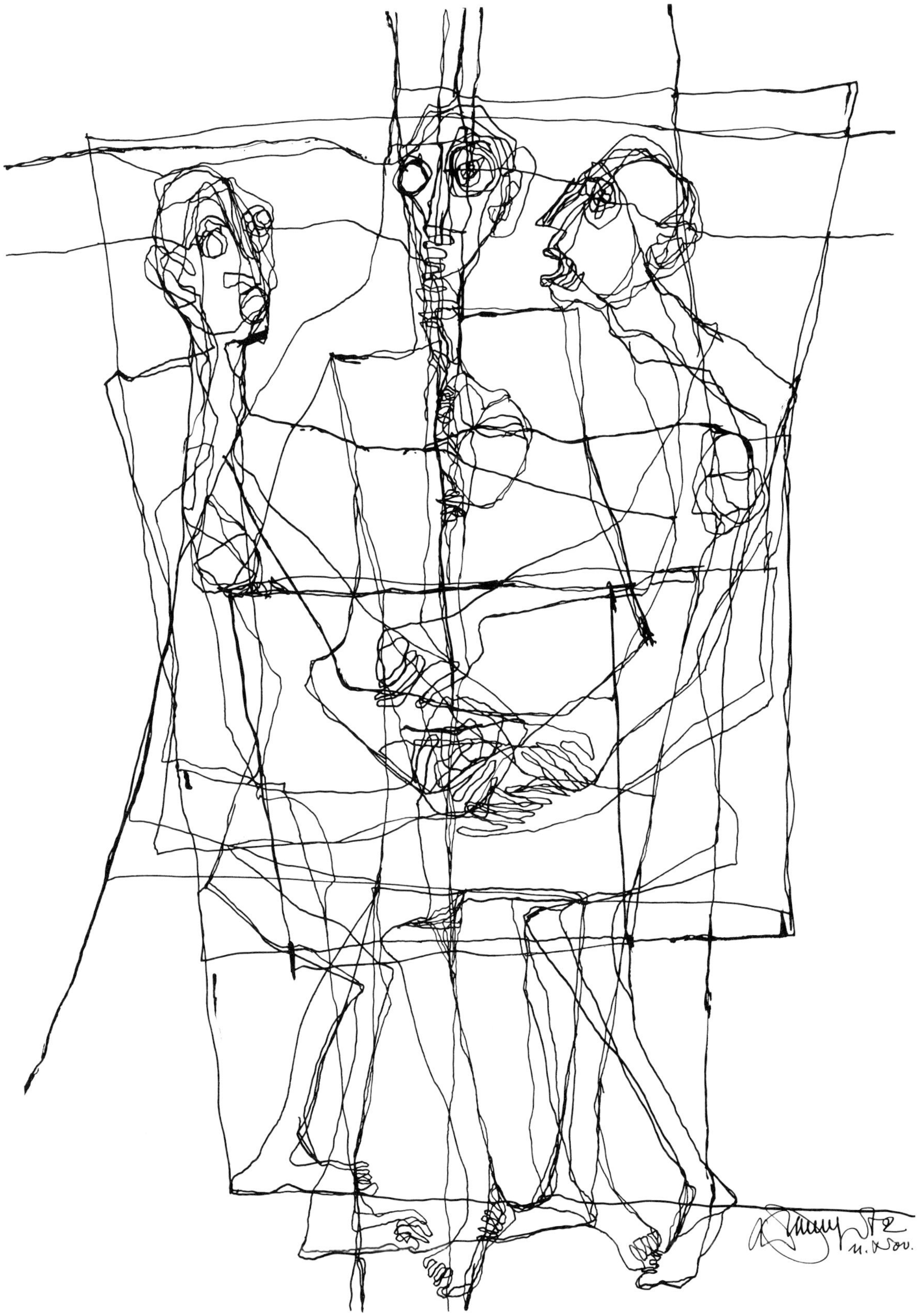

Emmaus
1972
Feder

Emmaus
1972
Tusche-Aquarell

Archetypische Exegese

Kreuzigungsgruppe 1972

Totentanz

Das ist also das Ende. Einer zog aus, um ein Werk zu vollbringen, ein Mann mit einer Sendung, mit einer Vision vom neuen, brüderlichen Menschen; viele brachte er zum Aufhorchen, die Massen strömten ihm zu. Und nun hängt er da, an das unsichtbare Marterholz geheftet: am Ende aller Möglichkeiten, zu wirken, zu bewegen; reduziert auf das nackte Sein, einen dem Tod ausgelieferten, vom Tod gezeichneten Leib. Nur noch drei Menschen sind ihm geblieben, und alle in Verzweiflung.

Der überlieferte Vorgang ist mit großer Freiheit wiedergegeben. Es fehlen der zweite Schächer, der Lieblingsjünger, die dritte Maria, von weiterer Statisterie ganz zu schweigen. In der Verminderung des »Personals« setzt sich die Reduktion, der die Hauptperson unterworfen ist, fort; in gewisser Weise auch darin, daß die beiden Frauen ebenfalls – ohne Rücksicht auf das Schickliche – die schützenden Hüllen abgelegt haben. Viermal der auf seine nackte Existenz zurückgeworfene Mensch: Dies ist keine historische Szene, sondern ein Urbild menschlichen Geschicks.

Deshalb darf es auch nicht wundern, daß die Frau, die auf älteren Darstellungen in theatralischem Schmerz den Kreuzesstamm umklammert, nicht Jesus, sondern seinem Mitgekreuzigten zugewandt ist. Die beiden bilden in mehr als nur kompositorischem Sinne ein Paar, und ein sehr ungleiches: dort der qualvoll Sterbende, aus dem – das Fehlen der Farbe unterstreicht den Eindruck – schon alle Lebenskraft gewichen ist; hier die Frau in der Fülle des Lebens, ganz in Rubin-Rot getaucht, das als Blutstrom drängender Leidenschaft wie auf einem Röntgenbild der Seele alle Glieder durchpulst. Nur die Verzweiflung ist beiden gemeinsam: auf ihrer Seite das fassungslose Entsetzen über den Verlust des Geliebten, die namenlose Angst vor der Einsamkeit ungestillten Verlangens; auf der seinen die nackte Todesangst, und in sie eingeschlossen, als ihr Stachel, die Schmach der Ohnmacht, des Versagens vor der Herausforderung durch soviel quellendes, lust- und empfängnisbereites Leben. Während ihr der Mund verschlossen bleibt und nur die fliegenden Hände – um so beredter – sprechen, ist der seine zum Schrei geöffnet, zum Notschrei, der dem *anderen* gilt, auf den seine Augen so angstvoll fragend geheftet sind. Nicht der Mund allein, das ganze Gesicht ist aufgerissen, und aus den vorstoßenden Konturen spricht nicht nur der Ruf um Hilfe, sondern zugleich Aggressiveres, das an den »bösen« Schächer erinnert: Vorwurf, Empörung, vielleicht sogar Hohn, der sich durch die Erniedrigung des gleich Ohnmächtigen eine zweifelhafte Genugtuung verschafft.

Der *andere* dagegen – was hat er zu bieten? Es stimmt ja: Er kann sich selber nicht helfen, der da wie ein lahmer, an den gebrochenen Flügeln angenagelter Vogel hängt; er hat auch keine Antwort, der da mit geschlossenem Mund sich wie zu einem lebenden Fragezeichen krümmt. Nur der straffere Körper, der mit Anstrengung aufgerichtete Kopf und die spitz vorstoßenden Knie deuten an, daß trotz allem noch Kraft in ihm ist, und das Smaragd-Grün, die ihm zugeteilte Farbe, spricht von einer unvernünftigen, durch nichts zu begründenden Hoffnung. Schweigend und duldend hält er sich dem aggressiv Fragenden hin; nicht nur die Haltung des Kopfes, auch das ruhig aufmerksame Auge, das übergroße hörende Ohr bezeugen seine Zuwendung.

Und dann ist da noch eine vierte Figur, die im Schatten steht, bescheiden am Rande der dramatisch geladenen Szene, trauernd in sich gekehrt, auf eine erschütternd unbedingte Weise ihrem Schmerz hingegeben. Im Gegensatz zu der Jüngeren hat sie nichts mehr einzufordern, zum zweiten Mal und endgültig verliert sie den Sohn, den sie unter Schmerzen gebar und mit Schmerzen in die Welt hinausziehen ließ. Ihm hat sie sich geopfert, ihm gab sie das Leben, das aus den müden, schlaff gewordenen Brüsten gewichen ist.

Frauenschicksal, Mutterschicksal? Wir könnten hier einhalten und versuchen, den urbildlichen, allgemeinmenschlichen Sinn der Szene zu erheben. Die Gestalt der Mutter lädt dazu ein: Geburt und Tod, Empfangen und Verlieren, Halten und Lassen – das sind wahrlich Ursituationen, Urthemen des menschlichen Lebens. Aber während sich aus der mütterlichen Unbedingtheit der urbildliche Sinn wie von selbst ergibt, bedarf es bei dem Paar auf der Linken eines größeren Maßes an Abstraktion, um zu einer ähnlich urbildlichen Dimension vorzustoßen. Jede Mutter muß ihren Sohn zumindest einmal hergeben; daß ein Mann im Tod eine junge Frau zurückläßt, das ist eine eher zufällige Konstellation. Die penetrant libidinöse Wechselbeziehung zwischen dem Sterbenden und der Lebensvollen leitet zu einem ersten Abstraktionsvorgang an: sie transponiert das Problem auf die Ebene des »Kampfes der Geschlechter«. Das bedeutet für den Mann die Herausforderung seiner Potenz. Soll dies nicht ein Fall für die psychoanalytische Praxis werden, bedarf es noch einer weiteren Abstraktion: Wie der Frau so steht der Mann dem Leben überhaupt gegenüber als einer, der erwecken, erobern, gestalten, in einem Wort: wirken muß. Es kann auch das Werk, die schöpferische Lebensleistung sein, woran einer versagt. Und für jeden kommt, oft lange vor dem physischen Tod, der Augenblick, da er erschreckend innewird, daß es nicht aufwärts, sondern abwärts geht, daß die Kräfte der Weltbemächtigung und -durchdringung schwinden, daß das Werk Fragment bleibt, das Ziel unerreichbar fern – oder gar, daß er die ganze Zeit dem falschen Ziel nachgejagt ist.

Sterben, das hieße für die Frau: nicht mehr Leben empfangen und austragen können, es hergeben müssen ohne Hoffnung auf Wiederkehr; für den Mann: an die Grenze seiner schöpferischen Möglichkeiten stoßen, die Ohnmacht erfahren, ein Ganzes zu schaffen, das besteht. *Media vita in morte sumus:* Mitten im Leben, auf der Höhe des Lebens gesellt sich uns der Tod, ein anhänglicher Begleiter, der uns nie mehr verlassen wird, bis er uns endgültig hat.

So etwa könnte man den urbildlichen, urmenschlichen Sinn der Szene zu fassen suchen. Welche Rolle spielt der Gekreuzigte in diesem Totentanz? Was hat er der angstvoll-aggressiven Frage, was der beschwörenden Geste zu bieten, außer daß er den Sterbensweg mitgeht in stummer Geduld, ein anderer, nicht weniger beständiger Begleiter?

 Die grüne Farbe deutet auf ein Mehr, das sich nicht mehr verrechnen läßt: Hoffnung,

Kreuzigungsgruppe
Die Mutter und die junge Frau auf Golgatha
1972
Feder und Tusche

da nichts zu hoffen ist. Und auch ein weiterer, noch unbeachteter Zug weist in diese Richtung, ein Zug, der entschiedener als alles Bisherige die realistische Szene sprengt: Der Leib der verfallenen Mutter ist geschwellt wie der einer Schwangeren. Ist sie »guter Hoffnung«? Liegt hier der Grund, daß sie, über sich selbst gebeugt, so in sich hineinhorcht? Aber noch mehr geschieht hier gegen die Gesetze der realistischen Logik: Das Schmerzenskind ist schon geboren; nur noch durch die Ferse ist es mit dem Mutterschoß verbunden. Der Tod als neue Geburt, wie man umgekehrt die Geburt als Tod betrachten kann? Unvernünftige Hoffnung auch dies; aber hat sie sich nicht von Anfang an mit dem Gekreuzigten verbunden? Das Marterholz als Baum des Lebens: Erinnert der aufgerichtete Leib nur zufällig an einen knorrigen, von vielen Narben gezeichneten Stamm?

Urbilder der Seele

Wir könnten es hier genug sein lassen; dieses Bild ausschöpfen zu wollen, wäre ohnehin ein schwieriges Unterfangen. Und doch fehlt etwas, das sich unübersehbar aufdrängt und sein Recht fordert: das Spiel der Farbe. Sparsam ist sie eingesetzt, um so deutlicher als Signal erkennbar: Rot und Grün, wie schon beschrieben, in verschiedenen Tonstufen, die sich auch an der Reproduktion des Bildes einigermaßen zuverlässig ablesen lassen. Nirgends fließen sie ineinander; auch dort, wo die Körperlinien sich überschneiden, bleiben sie durch die Hüftlinie der Frau und ein Minimum an ausgesparter weißer Fläche getrennt. Nicht auf Vermischung ist die Konstellation angelegt, sondern auf Kontrast und Ergänzung, auf Polarität. Die Sprache der Komplementärfarben erzwingt eine neue Gruppierung; sie macht aus den beiden Farbträgern – die zusätzlich auch noch durch die Augensterne verbunden sind – gegen den figürlicherzählenden Aufbau der Szene ein Paar.

Damit ist die Ebene der realistischen Komposition endgültig verlassen, transzendiert. Wohin? Es gibt nur einen Bereich, in dem die Gesetze der Logik mit derart zwingender Evidenz außer Kraft gesetzt werden, wie es hier, keineswegs spielerisch-willkürlich, geschieht: die Bildwelt der Seele, das Reich des Unbewußten und des schöpferischen Traums.

Es wäre merkwürdig, wenn ein Künstler wie Roland Peter Litzenburger, der so nachtwandlerisch und zuweilen halsbrecherisch auf dem schmalen Grat zwischen Konstruktion und Inspiration voranschreitet, nicht an dieser Sphäre teilhätte. Die Suche nach dem Urbildlichen stößt hier geradewegs in das Reich der Urbilder, der Archetypen des kollektiven Unbewußten vor. Mythische Erinnerungen bieten sich an und stellen den aktuellen Konflikt in einen weiten, erst seinen wahren Rang offenbarenden Zusammenhang. Drei grundlegende Motive sind es, die anklingen (Andeutungen müssen genügen; reiches Material findet man in Erich Neumanns *Ursprungsgeschichte des Bewußtseins,* der die folgenden Zitate entnommen sind):

1. Die Beweinung des Adonis
(Tammuz, Osiris)

Durch Dominanz und ekstatisches Gebaren des weiblichen Partners in der Gruppe zur Linken gibt sich der Konflikt dieses Paars zu erkennen als eine späte, bürgerliche Variante der archaischen Konstellation zwischen der Großen Mutter und ihrem phallischen Begleiter, jenem Sohnes- und Jünglingsgeliebten, der ihr gegenüber keinerlei Selbständigkeit besitzt und nach der Begattung kastriert und wie eine Drohne getötet, beweint und wieder zum Leben erweckt wird, damit das Spiel alsbald von neuem beginnen kann. Trügt der Eindruck, daß der männlichen Gestalt etwas Infantiles anhaftet? »Die blütenhaften Jünglingsknaben sind noch nicht stark genug, sich gegen die Übermacht der Großen Mutter zu wehren oder gar sie überwinden zu können ... Die Göttin ist die Begehrende, die sich die Knaben wählt und ihre Sexualität weckt. Die Aktivität geht niemals von ihnen aus ... Der Jüngling dieser Stufe hat noch keine Männlichkeit, kein Bewußtsein, kein oberes geistiges Ich. Er ist narzißtisch identisch mit seinem männlichen Körper und dem, was ihn kennzeichnet, dem Phallus ... sein Schicksal ist Phallusschicksal.« »Die wild-emotionale Leidenschaftsnatur des Weiblichen ist in seiner Losgelassenheit für den Mann und das Bewußtsein furchtbar. Die Gefahrseite weiblicher Ungehemmtheit, die in patriarchalischen Zeiten unterdrückt, verkannt und illusionistisch verkleidet wird, ist in der Frühzeit noch lebendige Erfahrung. Als Angst ruht sie, der Entwicklungsschicht des Jünglings zugeordnet, in jeder männlichen Tiefe ...«

Die Deutung mag willkürlich erscheinen, solange der Zusammenhang noch verdeckt ist. Darum sogleich zum nächsten Schritt:

2. Die Wiedergeburt durch den Mutterinzest

Daß der Sohn nicht nur aus der Mutter (wieder-) geboren wird, sondern auch in den Mutterschoß eindringt, deutet der in die mütterliche Scham treffende Fuß unübersehbar an. Bekanntlich bedeutet Ödipus »Schwellfuß«, worin Freud ein durchsichtiges phallisches Äquivalent sah. Das Motiv schließt sich entwicklungsgeschichtlich fast nahtlos an das vorangehende an. Es ist ein integraler Bestandteil des sog. Heldenmythos, der die Geburt des Bewußtseins aus dem Unbewußten zum Thema hat. Gegenüber dem konkretistischen Inzestverständnis Freuds hat C. G. Jung deutlich gemacht, »daß der Inzest des Helden ein Wiedergeburtsinzest ist. Die siegreiche Überwindung der Mutter, die häufig in der Form des Eingehens in sie, d. h. des Inzestes, auftritt, bewirkt eine Neugeburt. Durch den Inzest kommt es zu einer Persönlichkeitsverwandlung, die den Helden zum Helden macht, d. h. zu einem höheren und vor-bildlichen Repräsentanten der Menschheit.« »Der aktive Inzest, das willentliche bewußte Eingehen in das gefahrbringende Weibliche, und die Überwindung der Angst des Männlichen vor dem Weiblichen kennzeichnet den Helden.« Vom Jünglingsgeliebten gilt: »Das Weibliche bedroht das Ich mit der Gefahr der Ent-Ichung, des Sichverlierens, das heißt mit dem Tode und der Kastration ... Das Sterben des Phallus im Weiblichen ist hier symbolisch mit der Kastration durch die Große Mutter, psychologisch mit dem Aufgelöstwerden des Ich im Unbewußten in eins gesetzt. Die Männlichkeit und das Ich des Helden aber sind nicht mehr mit dem Phallus und der Sexualität identisch. Auf dieser Stufe tritt symbolisch als *erhöhter Phallus,* als erhöhte Männlichkeit, ein anderer Teil des Körpers auf, mit dem sich das Ich identifiziert, nämlich der Kopf als Symbol des Bewußtseins, und das Auge als sein beherrschendes Organ.« Erhöhter Phallus, Kopf, Auge: dem ist nichts hinzuzufügen. Wer Augen hat zu sehen, wird begreifen, warum dieser Gekreuzigte ein Symbol der Hoffnung ist. Und warum sich hier konsequent das dritte, krönende Motiv anschließt:

3. Der Hierosgamos oder die Vereinigung der Gegensätze

Das Bewußtsein befreit sich nicht, um sich völlig aus dem mütterlichen Grund zu lösen; sonst droht ihm Erstarrung und Tod, das Versiegen der schöpferischen Kraft. »Erst die Verbindung des Ichbewußtseinssystems mit der emotional gefärbten Tiefenschicht des Unbewußten ermöglicht einen produktiven Prozeß. In ihrem Extrem macht die Bewußtseinsdifferenzierung und die emotionsabdrängende Tendenz der abendländischen Bewußtseinsentwicklung unproduktiv und verhindert so bewußtseinserweiternde Prozesse.« Auch in diesem Licht kann man die Potenzproblematik der farblosen Mannesgestalt sehen, die ohne jeden Kontakt mit der Erde, dem Mütterlichen, als warnendes Gegenbild im Leeren schwebt. Der »Held« dagegen hat vor sich die letzte Stufe seiner Erfüllung: die Verbindung mit dem verwandelten Weiblichen, den Eintritt in eine neue und höhere, schöpferische Polarität. »Der Held ist das zu seiner Eigenexistenz erwachsene Männliche, dessen Eigenständigkeit der Macht des Weiblichen und des Unbewußten nicht nur gewachsen ist, sondern auch in ihm zu zeugen vermag ... Eine Synthese entsteht, in der erstmalig ein gleichgewichtiges Weibliches mit einem gleichgewichtigen Männlichen zu einer *Ganzheit* sich verbindet. Der Held ist nicht nur der Überwinder des Mütterlichen, er tötet die furchtbare Seite dieses Weiblichen, um dessen fruchtbare und segenspendende Seite zu befreien.«

Hier geschieht mehr als glückende Partnerschaft. Nach den Regeln des Traums – C. G. Jungs »Deutung auf der Subjektstufe« – sind alle Personen, die darin auftreten, Teilaspekte des Träumers selbst. Gesucht ist das Ganze. »Synthese des Bewußtseins mit dem schöpferischen Unbewußten« lautet dafür die dürre psychologische Formel. Von einem »Mysterium coniunctionis« sprachen die Alchemisten, und die Mystiker – im Blick auf das Neue, das dieser Verbindung entspringt – von der Gottgeburt in der Seele. Es bleibt ein Geheimnis, ein letztes: das Entspringen unverwechselbar individuellen Lebens in unzerstörbarer Ganzheit, die sich als Manifestation des einen und doch vielgestaltigen göttlichen Lebens weiß.

In Litzenburgers Bildkomposition ist dieser letzte Schritt, den die Farbgebung vorwegnimmt, noch nicht getan. Und doch bedarf es nur noch des Erkennens; es ist alles vollbracht. Wie Maria Magdalena am Ostermorgen schaut die Seele trauernd in die verkehrte Richtung: auf Tod und Grab. Und wenn sie sich umwendet, wird auch sie zunächst nur den Gärtner zu sehen meinen, den Nothelfer des Augenblicks. (Immerhin, die Farbe stimmt.) *Spricht Jesus zu ihr: Maria!* Und ein zweites Mal – und nun erst wirklich – *wandte sie sich um und spricht zu ihm: »Rabbuni!«* Mehr nicht, das genügt. Dann hat die Seele ihren Meister gefunden, und er wird nicht sagen: *Rühre mich nicht an!*

Hellmut Haug

Keine Ausnahmesituation

Mitgekreuzigt 1972

Es gibt von Litzenburger eine ganze Reihe von Darstellungen, auf denen man neben dem gekreuzigten Christus einen Schächer am Galgen sieht. Die Kunstgeschichte hat das Motiv *Christus und die beiden Schächer* oft genug überliefert, so daß es nicht nur aus den biblischen Texten geläufig ist.

Doch gerade mit den traditionellen Bildern hat diese Darstellung hier nichts gemein. Nicht nur, daß der Maler die biblische Szene reduziert hat und nur noch einen der beiden Schächer darstellt, von dem man im übrigen nicht weiß, ob es der linke oder der rechte ist. Es ist uns also von vornherein verwehrt zu sagen, es sei der »gute« oder der »böse«.

Dem Maler kam es gewiß darauf an, jede mögliche Polarisierung auszuschließen. Und dann ist es ihm wichtig, daß Jesus nicht allein gekreuzigt worden ist, sondern einer von der Menschheit dazu. Damit ist unser Blick abgewendet von den moralischen Qualitäten des Gut und Böse, und wir blicken auf den Tod Jesu, von dem uns die Schrift berichtet, es sei unseretwegen geschehen und unseres Heiles willen.

Der eine Schächer neben Jesus hängt also da, stellvertretend für die Menschheit, auch für mich. Er erleidet dasselbe Schicksal wie Jesus. Ohne den anderen neben ihm wäre es ein trostloses Schicksal. Aber weil wir wissen, daß Jesu Leiden und Tod nicht umsonst gewesen sind, dürfen wir hoffen, daß das Kreuz des Schächers am Kreuz Jesu teilhat und Gott beide annimmt, den einen durch den anderen, die Menschheit und mich durch Christus, unseren Herrn.

In den verschiedenen Bildern zum Thema *Mitgekreuzigt* hat der Maler die Identifikation zwischen dem Schächer und dem Christus immer weiter vorangetrieben, bis die beiden Gestalten nun völlig austauschbar geworden sind. Das bedeutet nicht nur, daß die Leiden des einen das Kreuz des anderen sind, und dessen Los auch zum Schicksal des einen wird. Vielmehr wird der Schächer für mich zum Christus, und Christus ist für mich der Schächer.

Die Schrift sagt, in jedem der Geringsten, die uns begegnen, sollen wir Christus selber sehen. Man kann also keinen übergehen, wenn man nicht das Risiko eingehen will, Christus selber zu versäumen. Selbst wenn wir einmal den Eindruck haben, wir hätten es nur mit einem der vielen Elenden zu tun, von denen die Welt übervoll ist, so ist es uns doch gewiß, daß uns in solchen Menschen Christus besonders nahe ist.

Eines der beiden Kreuze, von denen wir nicht wissen, ob es vielleicht das Kreuz Christi ist, nehmen wir als unser eigenes Kreuz an. Jesus sagte, wer ihm nachfolgen wolle, habe sein Kreuz auf sich zu nehmen und ihm so nachzufolgen. So hat also jeder sein eigenes Kreuz, und für jeden sieht dieses Kreuz wieder anders aus.

5/20

Gekreuzigt mit Jesus
1965
Lithographie

Mitgekreuzigt
1972
Feder

Lukas, den vom Erdenleben Jesu bereits Generationen trennen, hat der Aufforderung Jesu zum Kreuztragen das Wörtchen *täglich* hinzugefügt: Der Jünger Jesu *nehme täglich sein Kreuz auf sich* ... Der dritte Evangelist blickt bereits hinein in die Zeit der Kirche und sieht, daß das Leben des Jüngers sich im Alltag bewähren muß, in der täglichen Gleichförmigkeit des Lebens, dessen Ende nicht abzusehen ist. Gemessen an der lukanischen Theologie hat Litzenburger in seinen Kreuzigungsgruppen, die im Bild *Mitgekreuzigt* kulminieren, nichts von einer Ausnahmesituation gezeichnet, sondern die christliche Existenz auf ihre eigentlichen Quellen hin abgefragt: Sie lebt vom Kreuz Christi. Und sie lebt dann, wenn man ihr alle äußeren Möglichkeiten entwindet und sie dem Tode nahe scheint. *Rainer Ruß*

Herr, gedenke meiner! Mitsterben in der Trauer über die eigene Unzulänglichkeit, den Hochmut und die Selbstherrlichkeit. Im Wissen um die Gnadenlosigkeit menschlichen Machtstrebens sich dem Erbarmen, der Gnade des in der Liebe ohnmächtig Voransterbenden anvertrauen. *Roland Peter Litzenburger*

»Er ist von Sinnen«

Christus der Narr I 1973

Man hat das Gesicht Jesu zerschlagen. Aber die Schmerzen, die er leidet, sind nicht nur physischer Art. Brutalität zerstört nicht nur den Leib, sondern stellt jede Menschlichkeit in Frage, auch die eines Geschlagenen. Um so stärker wirkt die aufrechte Haltung des Kopfes – der auffallendste Zug dieser Darstellung. Nicht nur, daß die Senkrechte im Bild betont ist durch den nach unten schmal zulaufenden Kopf, durch die optische Verlängerung des Nasenbeins, durch den überlangen Hals. Die Linien des Kopfes fließen lebendig, fast kraftvoll aus denen des Nackens hervor. Die gleichen Linien, die eingefallene Wangen und Augenhöhlen zeichnen, halten in weitem und freiem Schwung das Gesicht aufrecht dem Betrachter entgegen. Ähnlich zweifach ist die Bedeutung der Farben. Blutunterlaufene blaue Knochen und Haut, Lippen und Nasenbein rot von Blut – das ist die eine mögliche Sehweise. Zugleich aber leuchten diese Farben wie Edelsteine und kostbares Email, nähern das Bild den Darstellungen der Alten, die in Blau und Rot und Gold die Anwesenheit Gottes in einem Geschehen oder einem Menschen anzuzeigen vermochten.
Darauf nahm Pilatus Jesus und ließ ihn geißeln. Und die Soldaten flochten aus Dornen eine Krone, legten sie ihm auf das Haupt, warfen ihm einen Purpurmantel um, gingen auf ihn zu und sagten: »Heil dir, König der Juden«, und sie gaben ihm Schläge ins Gesicht (Joh 19,1–3). Die Dornenkrönung, die der vierte Evangelist mit der Geißelung überraschenderweise mitten in den Pilatus-Prozeß hineinstellt, erscheint als ein Bild für ein Königtum ohne Macht. Zum üblichen Hinrichtungsritual hat die Dornenkrönung nicht gehört; daher steht ihr Sinn nicht eindeutig fest. Jedenfalls ist das Ziel nicht so sehr, Schmerz zuzufügen, sondern die Verspottung Jesu. Man hat geradezu vermutet, Jesus sei von den Soldaten zu einem Saturnalienkönig ausstaffiert worden. Das Saturnalienfest war eine Art römischer Karneval. Jesus wäre dann ein Karnevalskönig. Andere denken daran, man habe mit Dornen den von Münzenabbildungen bekannten kaiserlichen Strahlenkranz spottend nachahmen wollen. Mit dem entthronten Kaiser Vitellius scheinen die Soldaten ähnlich verfahren zu sein. Der Evangelist hat das Bild durch die folgende Vorführung Jesu vor dem Volk noch vertieft und betont: *Jesu kam heraus, die Dornenkrone und den Purpurmantel tragend. Und Pilatus sagte zu ihnen: »Seht den Menschen!«* (Joh 19,5). Er ist der verkleidete, zum Narren ausstaffierte Mensch.

So gehört das Bild des Dornengekrönten im Werk Litzenburgers zu Recht in einen Zyklus, welcher Christus als den Narren zeichnet.
Narr ist im Deutschen kein eindeutiges Wort und bezeichnet kein einheitliches Phänomen. Schon die Etymologie des Wortes ist unsicher. Man hat so verschiedene Grundbedeutungen wie *Spötter, Narbe* – also einen Verkrüppelten – *Tänzer* vermutet. Immer aber bezeichnet das Wort einen Außenseiter, der aus der gewöhnlichen Existenz seiner Umwelt heraustritt, weil er Möglichkeiten und Erfahrungen eines jeden Menschen gesteigert erfährt und lebt.
Ein solcher Mensch war Jesus von Nazaret. Eine geordnete und auf Ordnung bedachte Kirche hat schon lange vergessen, daß die Seinen ihn als einen Verrückten wieder heimholen wollten (vgl. Mk 3,20f). Sie hat sich in das metaphysische Geheimnis seiner Existenz vertieft und dies den Menschen in Sätzen zu vermitteln gesucht. Aber sie hat nicht gelehrt, daß er seinen Zeitgenossen vor allem ein Mensch der Auflehnung war und des Widerspruchs, einer, den man um der überlieferten Ordnungen und Hoffnungen willen verprügelt und hingerichtet hat, einer, dessen Leben mit den Menschen bis zum Leichtsinn voll festlicher Freude war. Damit ist aber verdunkelt worden, welche Dynamik seine und jede Einheit mit Gott wirklich hat.
Es gibt eine unergründliche Weigerung des Menschen, anzunehmen, daß Gott seine Freude will. Mt 11,16ff ist ein merkwürdiges Jesuswort überliefert: Dieses Geschlecht gleicht *Kindern, die auf den Marktplätzen sitzen und den anderen zurufen und singen: Wir haben auch aufgespielt, und ihr habt nicht getanzt; wir haben Klagelieder gesungen, und ihr habt nicht getrauert. Denn Johannes ist gekommen, er aß und trank nicht. Da sagen sie: Er hat einen Dämon. Der Menschensohn ist gekommen. Da sagen sie: Siehe ein Schlemmer und Zecher, Freund mit Zöllnern und Sündern!* Jesus ist einer, der, bildlich gesprochen, den Menschen zum Tanz aufspielt. Denn er verkündet, daß Gottes Herrschaft paradoxerweise seine Liebe ist, mit der er den Menschen Gemeinschaft schenkt, in der er sich der Welt hochzeitlich verbinden will. Jesus bringt diese *neue* Herrschaft, und gerade das kostet ihm das Leben. Das Bild fängt die Paradoxie ein: Die Hinrichtung dessen, der Gottes Vortänzer war. Aber es zeigt zugleich, daß mit dem Tod Jesu seine Einladung zum Fest nicht verstummt ist, sondern – wunderbarerweise – weiterleuchtet.

Adolf Smitmans

Der zerbrechliche Mensch

Christus der Narr I 1973

Die Attribute, die aus diesem Bild ein religiöses Bild »machen« könnten, sind nur noch andeutungsweise erkennbar. Das entspricht vermutlich ganz der Absicht des Malers, der den in der Dornenkrönung verspotteten Christus gewiß nicht durch eine naturalistisch wiedergegebene Dornenkrone als den ausweisen will, den Pilatus mit dem Hinweis: *Seht, welch ein Mensch!* (Joh 19,5) dem Volk vorstellt. Vielmehr muß diese Gestalt aus sich heraus zu erkennen geben, daß sie an die Grenze ihrer Existenz geführt worden ist. Also an den Rand dessen, was man gemeinhin als »normal« anzusprechen gewohnt ist.

Die von ihm beabsichtigte Aussage hat der Maler dadurch erreicht, daß er die Farben Blaß-Blau und Rosa-Rot in geradezu unerhörter Weise eingesetzt hat. Man wird nicht nur an die Schminke im Gesicht eines Narren, Tänzers, Schauspielers erinnert, sondern ein solcher ist auch gemeint. Die dick aufgetragene Farbe kann auch die Zerbrechlichkeit des Menschen darunter kaum noch kaschieren. Der solchermaßen Dargestellte lebt ein Dasein am Rande des Todes, und die Schminke in seinem Gesicht geht bruchlos in den Balsam über, den man an einen Leichnam verschwendet.

Das völlig unvermittelte Nebeneinander von Rot und Blau, das jeder natürlichen Farbigkeit eines Gesichtes total widerspricht, legt ja nun ganz von selber den Gedanken nahe, daß der Maler nicht einen Lebenden, sondern einen Toten zum Narren machen wollte. Vielleicht ist das Bild auch in dem Sinn »richtig«, daß dieser Narr die ganze Todverfallenheit des Menschen lebt und dabei eine geradezu groteske Schönheit zeigt, wie sie wohl überhaupt nur dort erfahren werden kann, wo einer vor der Überschreitung natürlicher Grenzen im Exzeß nicht zurückschreckt.

Hier ist nicht ein Narr gemeint, der – irgendwann, irgendwo – gerade im »Einsatz« begriffen ist, der das Publikum in Zirkus und Theater erheitert und seine Späße mit ihm macht. Das ist nicht der »Narr für andere«, sondern vorzüglich der »Narr für sich selber«. Das ist einer, der die Welt als einen Jahrmarkt der Eitelkeiten bereits ganz durchwandert hat. Dabei hat er alles ausgeteilt, was sein war. Bis hin zu seinem Narrengewand, in das nun andere geschlüpft sind.

Dieser Narr hat alles verloren; er hat nichts für sich zurückbehalten. Sein Leben ist ausgegossen, verschwendet. Ungeschützt steht er vor den Augen einer ratlosen Öffentlichkeit. Sie wird wohl kaum begreifen, daß der Narr etwas gewonnen hat, das seinen »normal« gebliebenen Mitmenschen so gründlich ermangelt: Gesicht. Sein Gesicht ist das einzige, das er den anderen nicht mitteilen konnte. Profil hat man, man kann es nicht verleihen. Ein solches Gesicht ist auch nicht mehr »einzusetzen«, es ist nicht mehr zu »gebrauchen«, es verwandelt sich nicht mehr, es ist nicht mehr Spiegel-

Seht den Menschen – welch ein Narr
aus dem Zyklus: Christus der Narr Blatt 1
1973
Tusche-Aquarell

bild vielfältiger seelischer Verfassungen. Es hat seine letztgültige Gestalt gewonnen, über die hinaus ein »Mehr« an Gesicht nicht denkbar ist.
Ich möchte nicht anstehen zu sagen, Litzenburger habe hier das »klassische« Gesicht formuliert, oder besser: erlebt. Denn es kann kein Zweifel daran bestehen, daß ohne menschliche Begegnung, ohne sein intensives Einfühlen in die närrische Welt des Tanzes ein solches gleichermaßen hinreißendes wie erschütterndes Bild nicht hätte entstehen können. Wer um die lange Vorgeschichte dieses Bildes weiß, erkennt darin auch, wie Litzenburger den physischen und psychischen Zusammenbruch eines Tänzers, dessen Zeuge er geworden war, soweit assimiliert und transzendiert hat, bis er einige Wochen später in einem konzentrierten Schaffensprozeß diese Synthese seiner Erfahrungen aufs Papier warf.
Hat der Maler mit diesem Bild nun Christus gemeint? Oder nur die tragische Figur irgendeines anderen Menschen? Sicher ist: Lange Zeit wollte man in der Kirche vergessen, daß Jesus von den Seinen wieder heimgeholt werden sollte, weil sie sagten, er sei *von Sinnen* (Mk 3,21). Heute geschieht in der Theologie das Umgekehrte. Wir beginnen zu entdecken, daß es im biblischen Bild Jesu verschiedene Züge gibt, die auf Symbole des Clowns hinweisen. Harvey Cox, der anglikanische Theologe, hat das in seinem lesenswerten Buch *Das Fest der Narren* dargestellt.
Es ist sicher nicht von ungefähr, daß man es gerade heute wieder wagt, von Christus als von einem Narren zu sprechen und damit rechnen darf, richtig verstanden zu werden. Wir haben es aufgegeben, im Narren den Lückenbüßer der Zirkusunternehmen und die Zwischenaktmusik beim Varieté zu sehen und beginnen ihn als die bildhafte Ergänzung einer Zeit zu begreifen, der man mit Recht »Kopflastigkeit« nachsagt, weil sie sich so einseitig intellektuell gebärdet. Die Narrenbilder von Pablo Picasso und George Rouault, neuerdings von Sieger Köder und nun auch von Roland Peter Litzenburger sind geradezu notwendig. Sie decken etwas von den verschütteten Tiefen unseres Daseins auf und sprechen alle: So ist der Mensch.
Diese Narrenbilder, so verschieden sie auch sein mögen, haben doch das Element des Liebenswerten gemeinsam. Man kann sich mit ihnen identifizieren. Denn die abgehärmten Gestalten im Narrenkleide scheinen nicht nur darüber traurig zu sein, daß die Schöpfung nicht mehr das Paradies ist. Sie beklagen den Menschen, der kein Bild vom Paradies mehr in sich trägt und nicht mehr um die Erlebnistiefen der eigenen Seele weiß. Nicht der Narr ist zu bemitleiden; der Narr hat Mitleid mit uns.
Die Gestalten auf den Narrenbildern scheinen sich mehr an echter Menschlichkeit bewahrt zu haben, als uns zu leben möglich ist. Rührt es daher, daß sie ein gesellschaftliches Reglement nicht kennen, sondern sich stattdessen dem Wahren, Schönen und Guten verpflichtet wissen? Auch das Narrenbild von Litzenburger könnte zum Anlaß werden, die Laterne in die Hand zu nehmen und wie Diogenes nach dem Menschen zu suchen.
Wir kehren zu der Frage zurück, ob der Maler Litzenburger mit diesem Narren-Bild nun tatsächlich Christus gemeint hat. Ist es nicht doch eher die tragische Figur eines Tänzers? Die Frage muß wohl offen bleiben. Wenn es aber möglich sein sollte, daß sich die durch Christus geheiligte Menschlichkeit auch in dem am Rande einer möglichen Existenz lebenden Tänzer ausprägt, dann kann man behaupten, Litzenburger habe in diesem Bild den Menschen exemplarisch dargestellt. *Rainer Ruß*

Christus der Harlekin

Ecce homo 1974

Es gibt im biblischen Bild Christi Züge, die ohne weiteres auf Symbole des Clowns hinweisen. Gleich dem Hofnarren spottet Christus jeder Sitte und verachtet er gekrönte Häupter. Gleich einem wandernden Troubadour hat er keinen Ort, sein Haupt hinzulegen. Gleich dem Clown in der Zirkusparade verhöhnt er die gegebene Autorität, indem er in der Stadt einreitet, umgeben von königlichem Prunk, während ihm keine irdische Macht zur Verfügung steht. Wie ein Bänkelsänger besucht er Banketts und Parties. Zum Schluß wird er von seinen Gegnern in die Spottkarikatur königlicher Gewänder gekleidet. Unter Gekicher und Gespött wird er gekreuzigt, zu seinen Häupten ein Zeichen, das seinen lachhaften Anspruch deutlich macht.
Der frühesten Periode christlicher Geschichte scheint das Symbol von Christus dem Clown im Innersten berechtigt. Es konnte sich jedoch nicht durchsetzen, als sich das Selbstverständnis der Kirche vom Lächerlichen zum Sublimen bewegte. Welchen Raum hat die Karikatur noch, wenn die königlichen Gewänder der Kirche ernst genommen werden? Wenn ihre Kronen und ihre Szepter aus echtem Gold hergestellt werden, statt aus Dornen und aus Holz? Eine Kirche, die Macht faktisch ausübt und herrscht, hat kaum die Fähigkeit zu Karikatur und Ironie. So verschwand das Bild von Christus dem Clown mit wenigen Ausnahmen fast für alle Jahrhunderte des Christentums – jedenfalls offiziell. Der Karnevalsgeist hielt sich in den Straßenschauspielen und den Volkstheatern. Auch wenn die Hierarchie oft dagegen war, verschwand die Haltung der Komik mit ihrer Andeutung von Zwielichtigkeit und Selbstverlästerung nie ganz. Sie ging einfach in den Untergrund. Erst heute, in unserer säkularen, nachchristlichen Zeit, vermag sie sich wieder zu zeigen. Eine schwache, ja lächerliche Kir-

che, irgendwie merkwürdig übers Kreuz mit den herrschenden Voraussetzungen ihrer Zeit, lernt aufs neue den harlekinesken Christus schätzen. Sein Pathos, seine Schwachheit, seine Ironie – das alles gewinnt heute wieder einen merkwürdigen Sinn.
Doch warum ein Clown-Christus in einem Jahrhundert der Spannung und des Grauens? Nun, der Clown repräsentiert für verschiedene Leute Unterschiedliches. Für einige ist er der willkommene Kehrichteimer unserer Ängste und Unsicherheiten. Wir können uns über seine tolpatschigen Fehler lustig machen, weil sie ja uns nicht zugestoßen sind. Einigen verdeutlicht er, welch ein absurder Kloß der Mensch ist, und er macht es uns gelegentlich möglich, das sogar zuzugeben. Für andere wiederum demonstriert er unseren eigensinnigen menschlichen Protest, für alle Zeiten in die engen Grenzen der Naturgesetze und der sozialen Besitzverhältnisse eingesperrt zu bleiben. Der Clown unterliegt immer wieder, er wird überlistet, gedemütigt und herumgestoßen, er ist unendlich verwundbar, aber er wird nie endgültig besiegt.
Wenn sie Christus als Clown darstellt, dann fühlt unsere Generation wahrscheinlich mindestens intuitiv, daß das angemalte Lächeln und das scheckige Kleid alle diese vielfältigen Bedeutungen tragen und noch mehr. Die Zwielichtigkeit der Kappe und der Schellen paßt irgendwie zu unserer nachdenklichen, ironischen Einstellung Christus gegenüber. Auf Christi pointierte Frage an Petrus: *Wer sagst du, daß ich sei?* können wir gewissensmäßig nicht mehr die konventionellen Antworten hervorsprudeln. So kleiden wir Christus in ein Narrengewand und drücken damit gleichzeitig aus: unsere Zweifel, unsere Ernüchterung, unsere Faszination, unsere ironische Hoffnung.

Harvey Cox

Der Spottkönig

Christus der Narr II 1973

Die gelbe Krone, irgendwie »angemalt«, papieren, leicht wie zum Spiel aufgesetzt, grotesk gezackt wie ein Hahnenkamm, schief rutschend. Die Schwere des Kopfes ängstlich eingezwängt zwischen die hochgezogenen Schultern. Nicht königlichen Prunk zeigen die Farben, nicht Pracht, eher etwas Grelles, Karikierendes, Schaubudenhaftes. Das zerfließende Gelb macht nicht Halt vor dem menschlichen Auge, das es zu verdecken droht; es bedrückt den Blick, läßt ihn nach innen wie nach außen gerichtet sein.
Konzentrationspunkte des Bildes sind die Augen. *Uns* schauen sie an, wissend und traurig zugleich, tiefe, klare Augen, von innen her, ungebrochen, auffordernd. Sie lassen sich nicht zuschminken oder »verkleiden«. Die Augen sind das Licht des Antlitzes. Schatten von Braun und zerlaufenem Gelb legen sich auf das so menschliche Antlitz, lassen die starrweiße Schminke im Kontrast zum Purpurrot des Umhangs, zum Rot von Mund und Nasenspitze kräftig hervortreten. Der Mund der vollen Lippen bleibt zugleich streng verschlossen. Die Züge erstarren wie unter der Clownsmaske. Es sprechen allein die unsäglich traurig-wissenden Augen, aus ihrer inneren Tiefe Hoffnung wider alle Hoffnung strahlend. Die ängstlich angezogene Schulter, das aufgelöste Haar rahmen ein Gesicht, das in der Mundpartie Hingabe, Bitten und Sehnsucht in der Augenpartie ausdrückt. Das Gelb der schief gerutschten Zackenkrone, die Farbvorhänge aus Purpurumhang, Schminkfarbe, Manegenvorhang und Zirkusluft umrahmen dieses unwahrscheinlich menschliche, unsäglich traurige, leidende, liebende, fast weibliche Antlitz.
Expressive Menschlichkeit! *Ecce homo: Seht ihn an!* Was für ein menschlicher Mensch! Das ist er: Jesus aus Nazaret, der Spottkönig der Juden, der Narr, in dem Gott die Weisheit der Menschen beschämt. Jesus Christus als Narr, als Clown – zumindest ein ungewohntes Bild! Wie steht es um die Gültigkeit eines derartigen Jesusbildes, um die Legitimität solcher Deutung und Auslegung?
Heute sind manche Züge Jesu widerentdeckt, die zugeschüttet und nahezu vergessen waren:
Jesus der Jude, der mitten in den Traditionen, im Glauben seines Volkes stand und kein gestörtes, sondern ein kritisches Verhältnis dazu hatte;
Jesus der Mensch – offen für alle, besonders für die Kleinen, Geringen, Kinder, Sünder, Verachteten, Verkommenen;
Jesus als der von Gott rückhaltlos und rücksichtslos Beanspruchte, der gerade darin den Anspruch Gottes an uns zur Geltung bringt;

Christus der Narr – König der Juden
aus dem Zyklus: Christus der Narr Blatt 5
1973
Tusche-Aquarell

Jesus, der in den machtvollen Zeichen tatsächlich zum Ausdruck bringt, wie Gott Welt und Menschen heil will.

Diese Züge fügen sich in das biblische Bild von Jesus ein: Er, der Vorwurf Gottes gegen die Weisheit der Weisen; er, der Friedenskönig, das Gespött der Mächtigen; er, der scheinbar sinnlos sein Leben dran gibt, die Torheit des Kreuzestodes begeht und besteht, der traurige Narr. Alte, bekannte Züge, doch von Roland Peter Litzenburger verdichtet in ein neues Bild von Jesus, überraschend gegenwärtig gemacht.

Dieses Bild, dieses Antlitz ist ein Spiegel, den uns der Künstler ganz biblisch vorhält: *Ecce homo! Seht ihn an! Seht ihn euch an!* Seht, so ist es um den Menschen bestellt! *Seht euch an!*

Wir sehen ihn im Spiegel, und wir sehen uns im Spiegel. Was dem Menschen möglich ist angesichts Gottes, zeigt er uns: Freude, Fest, Fantasie, die Erleichterung des Komischen, der Torheit, die Kraft des Schwachseins. All das ist im Narren und seiner tiefgründigen, unergründlichen Hoffnung lebendig. Seine Narrheit ist weiser als Weisheit.

Wir verkünden Christus den Gekreuzigten, den einen ein Ärgernis, den anderen eine Narrheit, doch für uns – Christus als Gottes Kraft und Gottes Weisheit. Denn die Narrheit Gottes ist weiser als die Menschen und die Schwäche Gottes ist stärker als die Menschen (1 Kor 1,13–16).

Gerhard A. Rummel

Der Mensch, der in kein Schema paßt

Ecce homo 1974

Was ist das für eine dramatische Szene: Jesus als der Schmerzensmann, als Erbärmde-Bild, als Christus im Elend, jenes Antlitz, dessen Abdruck der Legende nach Veronika für ihren Liebesdienst im Schweißtuch geschenkt erhielt! Der mit Blindheit geschlagene Pöbel verlangt die für Schwerverbrecher vorgesehene Todesstrafe, die Kreuzigung. Der römische Prokurator, der zu anderen Gelegenheiten das religiöse Empfinden der Juden keineswegs berücksichtigt hat, gibt dem Druck des Volkes nach, obgleich er von der Unschuld Jesu überzeugt ist. Auch auf ihm lastet Schuld, selbst wenn er seine Hände in Unschuld wäscht. Wie abgrundtief muß der Haß, wie groß die Blindheit sein, wenn sich über der Verurteilung des Unschuldigen die Feinde Pilatus und Herodes wieder versöhnen.
In dem Antlitz, das Litzenburger gezeichnet hat, spiegelt sich die ganze Leere und Trostlosigkeit der biblischen Szene wieder. Diese Augen durchschauen das erbärmliche Spiel jenes Volkes, dem sich auch Jesus zugehörig weiß und das er liebt. Dieser Blick trifft jedes menschliche Herz. Und der Mund, der so vieles zu sagen hätte, schweigt.
Wie kam es dazu? Das Bundesvolk, das den Dekalog als Grundgesetz beachtete und die Forderung *Du sollst dir kein Gottesbild machen* (Ex 20,4) sehr ernst nahm, hatte sich eine allzu eigenwillige irdische Messiasgestalt entworfen, der Jesus in keiner Weise entsprach. Wo immer aber man sich ein Bild von einem anderen macht, ihn in ein Schema zu pressen versucht, mißlingt Begegnung, sitzen Menschen zu Gericht über andere, endet dies in einer Katastrophe. Das gilt heute ebenso.
Max Frisch schreibt 1946 zum Entwurf seines Schauspiels *Andorra* in seinem Tagebuch: *Du sollst dir kein Bildnis machen, heißt es, von Gott. Es dürfte auch in diesem Sinne gelten: Gott als das Lebendige in jedem Menschen, das, was nicht erfaßbar ist. Es ist eine Versündigung, die wir, so wie sie an uns begangen wird, fast ohne Unterlaß wieder begehen – ausgenommen, wenn wir lieben* (Tagebuch 1946–49).
Doch ist dies nicht alles, was uns das Bild von Litzenburger sagt. Es bringt in uns etwas in Gang. Von welcher Seite aus man auch den *Ecco homo* betrachtet, immer trifft uns sein Blick, haftet auf uns, läßt uns nicht mehr los, durchschaut und entlarvt unsere eigenen selbstgemachten Bilder von Gott und vom Nächsten – die Ursachen so vieler mißglückter Begegnungen – aber spricht uns zugleich Mut zu, nochmals von vorne zu beginnen. Der Blick des Erbärmde-Heilands stößt bereits vor in die österliche Zeit und vermittelt uns eine Hoffnung, wie sie der junge Dichter und Gottsucher Guy de Larigaudie kurz vor seinem Tode 1940 aufgezeichnet hat: *Aber es kommt ein Tag, wo ich mein Lied von Liebe und Freude singen werde. Alle Schranken werden fallen. Ich werde die Unendlichkeit besitzen* (Stern auf hoher See, 46).

Johannes Gründel

Ecce homo
aus dem Zyklus: Christus der Narr Blatt 12
1974
Lithographie

Verlacht und verlassen

Christus der Narr III 1974

»Wisse es,
wie ich Hohn um dich trage!
Fanden sich Reden von dir,
ich verschlang sie,
zur Wollust war mir deine Rede,
zur Wonne meines Herzens,
denn gerufen über mir ist dein Name,
DU, Umscharter Gott!
Im Kreis der Scherzenden
gesessen habe ich nie,
daß ich fröhlich geworden wäre,
unter deiner Hand
einsam habe ich gesessen,
denn mit Unmut hast du mich gefüllt.
Warum ist mein Schmerz dauernd worden,
meine Schlagwunde versehrend,
weigert, sich heilen zu lassen?
Du wirst mir, wirst
gleichwie versiegendes Wasser,
ein Gewässer, das ungetreu ist!“
(Jer. 15,10.15c16–18 in der Übertragung Martin Bubers)

Große, weitaufgerissene, leidend-fragende, vielleicht gar still-resignierende Augen wollen treffen, lassen nicht los. Sie zwingen das Gesicht anzuschauen, dem sie gehören. Es ist ein gequältes und zerschundenes Gesicht. Die Farbe ist blutrot, setzt sich in tief-violetten und dunkelbraunen Tönen fort, Bild des Schmerzes und des Dunkels. Wärmere Töne kontrastieren: ein helles Grau, verschiedene Schattierungen des Grün. Das Dunkel ist nicht das Letzte und Beherrschende, eine Hoffnung ist da! Vor allem aber die Krone, gemischt aus schmutzigem Grün und goldenem Gelb! Es ist eine Narren- und zugleich eine Königs-Krone, Schmach und Herrschaft in einem.

Das Gesicht ist das eines Menschen; nichts weist auf besondere Würde und Auszeichnung. Es trägt keine individuellen Züge. *Seht, welch ein Mensch!* Die ausgeprägte Nase unterstreicht die ausdrucksstarken Augen. Der Mund zeigt ein leises, leidendes, aber auch verstehendes Lächeln. Der unnatürlich lange Hals betont das Bedeutende des Gesichts, das wie auf einer Säule ruht. Er macht die Frage, die von diesem Gesicht ausgeht, noch eindringlicher.

Die Konturen des Gesichts sind nicht hart und bestimmt, sie verschwimmen mit der Umgebung. Dieses Menschenantlitz gehört zu seiner Welt, ist eins mit ihr, obwohl es von ihr angefeindet und beschmutzt wird.

Dieses Gesicht eines Menschen, der den Schmerz bis zum Letzten durchlitten hat, ist das Antlitz des Herrn. Er hat Ablehnung und Spott erfahren, obwohl er nichts anderes wollte, als da zu sein für seine Brüder. Der sich der Zöllner und Sünder annahm, mit ihnen aß und trank – jetzt ist er von seinen nächsten Freunden verlassen, einsam und ohnmächtig seinen Feinden ausgeliefert. Der überallhin Freude bringen wollte, die Frohe Botschaft verkündigte – nun muß er statt des Freudenbechers den Kelch des Leidens leeren. Der sich von Gott, seinem Vater gesendet wußte, in größter Nähe zu seinem Gott stand – jetzt muß er erfahren, daß dieser Gott ihn verlassen hat und für ihn zum Trug geworden ist. Nicht ohne Grund hat die Kirche das Schicksal ihres Herrn im Leben des Propheten Jeremia vorbedeutet gefunden. Es ist das für Propheten und Gott gesandte typische Schicksal. Es kann aber auch zur Fügung derer werden, die sich zu diesem Herrn Jesus bekennen. Sind wir dazu bereit?

Franz Josef Stendebach OMI

verlacht und verlassen
aus dem Zyklus: Christus der Narr Blatt 8
1974
Tusche-Aquarell

Warum schlägst du mich?

Der König aus dem Morgenland 1973

Einen König zeigt dieses Bild. Auch wenn keine Krone sein Haupt schmücken würde, könnte sich der Betrachter dem Hoheitsvollen dieses Gesichtes nicht entziehen. Farbiger König ist er, und das nicht nur wegen des Titels, den das Bild trägt: *König aus dem Morgenland;* die dunkle Farbe seiner Haut unterstreicht die Würde, die aus seinem Antlitz spricht. Daran kann auch die Tatsache nichts ändern, daß dieses Antlitz geschlagen wurde. Spuren der Mißhandlung sind deutlich zu erkennen: Flecken, die das Ebenmaß der dunklen Hautfarbe aufreißen. Ein geschlagener König, dem man auch durch rohe Gewalt die Würde nicht zerstören konnte.

Nach dem Bericht des Künstlers haben viele bei der Entstehung dieses Bildes »Modell« gestanden. Nicht nur die geheimnisumwitterten »Könige«, die am Epiphaniastag an der Krippe stehen. Auch die harmlose Rührseligkeit des nickenden Negerleins der Missionsgesellschaften, das beim Einwurf eines Groschens freundlich nickt, floß in die Bildaussage mit ein – vielleicht ein erster Gewaltstreich, den man diesem königlichen Gesicht antat? Doch dann geht es Schlag auf Schlag: die Grausamkeit, mit der Farbige als Sklaven auf den Arbeitsmärkten Amerikas verkauft wurden; die Peitschenhiebe, mit denen man auf den Plantagen letzte Arbeitsreserven aus ihren geschundenen Leibern herausprügelte; die brutale Gewalt, mit der überall auf der Welt jeder aufflackernde Freiheitsdrang niedergetreten wird. Alles Schläge, die ihre Spuren auf dem königlichen Antlitz hinterließen.

Doch es sind auch hoheitsvolle Gestalten zu finden, die dem Maler zu seinem Bild verholfen haben: Spiritual- und Gospelsänger, die von der geistlichen Kraft, von der ins Grenzenlose gehenden Duldsamkeit der Farbigen singen, die aber auch ihre Vitalität und Ausdruckskraft zeigen. Nicht zuletzt ein Martin Luther King, der nicht müde wude, das Gewissen der Welt wachzurütteln, damit endlich der Tag anbricht, an dem der Traum aller königlich denkenden Menschen wahr wird: der Tag, an dem Farbige und Weiße einander begegnen ohne Vorbehalt, ohne Vorurteil, frei von Diskriminierung. Martin Luther King aber ist in unserer Mitte meuchlings ermordet worden.

Warum schlägst du mich? fragt das königliche Antlitz. Und mit dieser Bildunterschrift stellt es der Künstler hinein in die Reihe seiner Christusbilder. Vor dem Hohenpriester wird Jesus ins Gesicht geschlagen, weil er darauf verweist, er habe seine Botschaft frei und öffentlich verkündet. Die Botschaft, daß Gott jedem Menschen Recht und unzerstörbare Würde garantiert. Dadurch macht sich Jesus zum Anwalt aller Menschen, besonders der Getretenen und Entrechteten. Seither kann niemand mehr in das Angesicht eines Menschen schlagen, ohne damit nicht zugleich Gott selbst zu treffen.

Hans-Georg Lachmund SJ

Mit ihm müßte gut leben sein

Der König aus dem Morgenland 1973

Die folgenden Texte aus der Gruppenarbeit mit jungen Menschen im »Bernhäuser Forst«, der Freizeit- und Bildungsstätte des Evangelischen Jugendwerks in Württemberg zeigen, wie junge Menschen auf ein Bild antworten.

– So etwas wie mit diesem Bild habe ich noch nie erlebt. Ich fand es zuerst fast albern, so ein bißchen Flitterkram. Doch je länger ich es ansehe, desto wärmer wird es mir. Es ist ein ausdrucksstarkes Bild, und ich denke daran, wie die farbigen Völker jahrhundertelang unter den Weißen gelitten haben. Ein schwarzer Christus, einer der eins wird mit den leidenden Farbigen.

– Ich kann das Bild einfach nicht leiden. Für mich ist es häßlich, schmierig – so gar keine klaren Farben, das mag ich nicht. Ich weiß jetzt, was ich nicht leiden kann. Der Kerl sieht aus, als ob er gerade aus einer Schlägerei käme.

– Ich muß da eher an »gehenkt« denken, wenn ich den langen Hals sehe und auch die Krone empfinde ich als Hohn.

– Für mich sind die Farben überbetont, abstoßend, und auch die Konturen sind verzerrt: das Bild eines Menschen, durch Leiden zerstört.

– Mit dem Titel König aus dem Morgenland kann ich nichts anfangen. Für mich ist es eine Darstellung des leidenden Christus. Ich sehe blaue Flecken und denke an Schläge.

– Ich sehe eher ein Christusbild. Da ist soviel Milde, Offensein, arglose Zuwendung, auch Verwundbarkeit. Und die Malweise unterstützt das noch mit dem Ausdruck des Gesichts, mit der Haltung, vor allem in den Augen des Schwarzen Königs. Alles ist für mich voll Güte, trotz des Leidens, ist Erlösung aus der Angst.

– Ich finde das Bild nicht zeitgemäß. Das ist doch überholt, das gibt es heute doch nicht mehr unter uns: Diskriminierung der Schwarzen!

– Für mich ist das nie überholt. Es ist ganz allgemein und heißt für mich als Frage: Wie gehe ich mit anderen Menschen um? Ich mache das doch auch immer wieder: Verletzen, mißhandeln, den anderen nicht zu seinem Recht kommen lassen, keine Freiheit geben. Das alles ist doch Versklaven! Das ist doch nicht vorbei unter uns?

– Das Bild zeigt die Brutalität des Menschen, oder besser die Auswirkung seiner Brutalität. Das gibt es unter uns, aus den verschiedenen Gründen; es mögen politische sein, antichristliche, oder einfach Angst vor einander.

– Der Schwarze König ist so, wie ich mir einen Menschen wünsche: Er ist da, aufmerksam, er inspiriert mich, auf das Ziel zu sehen. Er ist geduldig und verständnisvoll, dem Ziel zugewandt, sicher und ruhig in sich. Er läßt sich nicht gleich von seiner Richtung abdrängen. Und doch ist da nichts Brutales, Rücksichtsloses, Hartes, sondern er ist sanft und mild – mit ihm müßte gut leben sein. *Annelise Bausch*

König aus dem Morgenland
1973
Tusche-Aquarell

Der Schrei um die Schöpfung

Mich dürstet nach reinem Wasser 1974

Der Maler hat mit seiner Federzeichnung *Mich dürstet nach reinem Wasser* die ganze Diskussion um die Umweltverschmutzung als Lüge entlarvt: Dieses Wort ist zu schmeichelhaft für abgeholzte Wälder, für verwüstete Landschaften, für sterbende Fische, für stinkende Flüsse und verseuchte Luft. Unsere Welt ist nicht nur »verschmutzt«. Oder haben wir dieses Wort *Umweltverschmutzung* deshalb gewählt, weil es uns eben nicht verantwortlich und betroffen macht, sondern uns Distanz erlaubt?
Ein anderer Gedanke: Ist nur unsere Umwelt verschmutzt? Betrifft das nicht auch unser Reden, unser Handeln, unser Denken und Empfinden? Sind die Brunnen in der Tiefe meines Wesens etwa nicht vergiftet?
In den Diskussionen über den Umweltschutz wurden zwar einige Mißstände aufgedeckt, aber sie wurden nicht gedeutet. Das Wesentliche wurde dabei verschwiegen: Diese Welt, die wir Umwelt nennen, ist Gottes Schöpfung, und wir sind verantwortlich für das, was in ihr geschieht. Dem Schöpfer ist es nicht gleichgültig, was wir machen. Gott sprach, Gott schuf, Gott segnete, und es war alles sehr gut – so wird es uns erzählt im biblischen Bericht. Und wir Menschen mißbrauchen, verwüsten, zerstören und »verwenden« diese Schöpfung, als ob es den Schöpfer nicht gäbe. Anstatt die Erde zu bewahren, lassen wir sie ver-wahr-losen. Anstatt das Land zu bebauen, haben wir es ver-baut. Anstatt alles zu tun, um Leben zu ermöglichen, haben wir uns an das Sterben der Fische und Menschen gewöhnt. Mahner wie Weizsäcker, Picht, Jungk und Eppler werden lächerlich gemacht. Man wirft ihnen Träumerei vor. *Wenn man sich aber klarmacht, daß Umweltschutz eine systemüberwindende Idee ist, wundert man sich nicht mehr, daß er in allen politischen Lagern so wenige Freunde findet und daß man sich lieber zur großen Koalition der Wachstumsillusion zusammenfindet. Für die alte Einsicht, daß der Mensch nicht vom Brot allein lebt, ist offensichtlich die Zeit noch immer nicht reif* (Christian Schütze).
Roland Peter Litzenburger kann die sterbenden Fische vom Bodensee nicht zeichnen, ohne an den zu denken, der auch einmal nach Luft rang und mit seiner letzten Kraft schrie: *Mich dürstet.* Es ist der Schrei des Schöpfers um seine Schöpfung. Und es ist unüberhörbar ein Todesschrei. In der Besinnung *über den sterbenden Bodensee* – so hieß der Titel der Fernsehreportage – und in der Solidarität mit allem leblos Angeschwemmten entdeckt der Künstler in der Schöpfung das Leiden des Schöpfers selbst. Und in diesem Schrei um die Schöpfung ahnen wir etwas von der Inkarnation. Denn in Jesus von Nazaret lebt der Schöpfer mitten in der Schöpfung. Mit dem Schrei nach Wasser und dem Ringen um Luft ist unsere Erde, die von Kain, dem Brudermörder geprägte und von Blut getränkte Erde, nicht mehr gottverlassen. Gottes Schmerz und sein Schrei um die Schöpfung sind unsere Chance. Diese gestörte und zerstörte Schöpfung bleibt damit beim Schöpfer.

Naturwissenschaftliche Erkenntnisse und Perspektiven sind nötig, aber sie genügen nicht; wir brauchen theologische Visionen. Litzenburger hat deshalb kein Bild zum Thema Umweltschutz gemalt. Er weiß, wie gefährlich Bilder sein können, wie rasch man sich daran gewöhnt und wie schnell man sie wieder vergißt. Er hat mit dieser Zeichnung einen prophetischen Entwurf vorgelegt und gepredigt.
Mit dieser Zeichnung – oder sollen wir sagen: mit diesem Zeichen – hat Litzenburger die Umweltverschmutzung zu einem theologischen Thema gemacht. Dabei ist jetzt nicht wichtig, ob es ein gekreuzigter Fisch oder ob es der Gekreuzigte als Fisch ist. Der Maler sieht die Dinge zusammen, und so zeichnet er auch. Der Begriff *Kombinatorik* aus der modernen Kunst ist zu schwach für das, was er hier zu bedenken gibt.
Wenn Litzenburger so malt, ist er mitten drin in einer neuen Genesis, in der Genesis der Schmerzen und der Leiden, genauer: in der Genesis des Kreuzes. Durch Jesu Schmerz und Leid, durch seinen Tod, gehört der Mensch neu zur Schöpfung. Im Mitleiden wird er auch auf den Mitmenschen verpflichtet, auf ihn verwiesen; er bleibt auf ihn angewiesen.
Weil Litzenburger die Dinge zusammen benennt und zeichnet, braucht er nicht – wie so viele Prediger – mühsam und verkrampft fragen, was denn »das Geschehen von damals uns heute nach 2000 Jahren noch zu sagen habe«. Zwischen dem verdurstenden Jesus auf Golgata und den sterbenden Fischen im Bodensee schafft der Künstler eine Gleichzeitigkeit, die nicht mehr ausgelegt und gedeutet werden muß. Diese Zeichnung mit dem sterbenden Fisch, mit dem schreienden Schöpfer, macht Mut, eine neue Beziehung zur Schöpfung zu wagen: Sie weist uns hin auf die franziskanische Solidarität zu Schwester Sonne, zu Bruder Mond, zu den Geschwistern Wasser und Feuer. In dieser Haltung können wir auch neu entdecken, wie das Wasser bei der Taufe und wie Brot und Wein im Herrenmahl als Gabe der Natur zu sakramentalen Trägern werden, die sagen: Gott ist da; er wirkt weiter in dieser Welt, in jener Welt, die wir Umwelt nennen.

Fritz Gaiser

Mich dürstet nach reinem Wasser
1974
Feder

Die Freunde
1974
Tusche-Aquarell

Gebet

Die Freunde 1974

Petrus, Petrus, da hängst du nun mit deinem Haupt zu Füßen deines geliebten Herrn Jesus Christus, sterbend. Ob du noch denken kannst in deinen unsäglichen Schmerzen? Wie er dich von deinen Booten und Fischen holte und du gingst, ohne zu zögern. Wie du mit ihm durch euer Land gewandert bist und die Menschen kamen, Menschen und Menschen. Wie du ihn heilend sahst, Krankheit und Tod und die Verzweiflung der Herzen. Wie er Sünde auflöste in helles Licht. Wie er redete und lehrte auf dem Berge und am See. Wie du zu begreifen begannst und doch nicht begriffst, wer er sein könnte, Christus, Gottes Sohn und der einzige Mensch, der ein Mensch war, seit Adam. Wie er in die Stadt seines Sterbens hinaufzog und in die Wohnstatt seines Lebens. Wie er mit dir und Judas Iskariot und den anderen am Tische saß bei Brot und Wein. *Nehmet und esset – nehmet und trinket alle daraus. Das ist mein Leib. Das ist mein Blut.* Nun hängt dein Leib, an den Füßen genagelt, nun fließt dein Blut, du siehst ihn, neben dir, den Geliebten, den Bruder, deinen Herrn und Heiland. Ob du noch denken kannst in deinen unsäglichen Schmerzen? An deine vollmundigen Worte? Und wie du ihn verließest und verrietest? An die Stunde deiner tiefsten Scham und der bitteren Tränen? Ob du ihn dann doch hast sterben sehen, von ferne? Ob du es gehört hast, wie er, ein Verbrecher unter Verbrechern, zu dem einen sagte: *Heute noch wirst du mit mir im Paradiese sein?* Kannst du dich erinnern, noch? Wie er dir erschien, ein Wiederlebender? Du Fels, auf den er seine Kirche bauen wollte? Da hängst du und stirbst, neben ihm. Du siehst ihn von unten. Dein Arm berührt seine Füße. Jesu Arm berührt dich. Freunde seid ihr. Nun kannst du nicht mehr weglaufen. Nun ist er da. Bei dir. Du hängst an seinem Kreuz, gleich, gleich werden die Schmerzen vorüber sein und du wirst leben, leben, ewig mit ihm, im Licht.
Wir sehen das Bild und beten ihn an, mit dir. Amen.

Heinrich Albertz

Song vom Herrn, der neben dir geht

Der Gang nach Emmaus 1975

Herrgott, ich liebe Dich!
Das ist so leicht gesagt.
Fasten und Abstinenz,
Beichte und Sonntagspflicht,
das nur allein
reicht nicht aus.
Täusch Dich nicht!
Nicht durch die Pflicht
bist Du schon Christ!

Jesus, ich liebe Dich!
Das ist so schnell gesagt.
Ostern und Himmelfahrt,
Richter und Ewigkeit,
schon lange her
und noch weit weg.
Täusch Dich nicht!
Nicht lange her
und nicht weit weg!

Nächster, ich liebe Dich!
Das ist so schwer getan.
Spende für Caritas,
ist das nicht auch schon was?
So hat er's
sicher nicht gemeint.
Täusch Dich nicht!
Nicht nur Dein Geld,
er will das Herz.

Du weißt genau,
er hat es ja gesagt:
Der Herr geht neben Dir.
Der Nachbar, der Fremde,
der Chef, die Leut' zu Haus:
die alle stehn für Christus da.
Du weißt genau, er hat es ja gesagt:
Der Herr geht neben Dir.

Bernhard Krol

Gespräch auf dem Weg

Der Gang nach Emmaus 1975

Es gibt eine ganze Reihe Emmaus-Bilder von Litzenburger. Diese Geschichte beschäftigt ihn seit Jahren. Alle Bilder deuten den zweiten Teil der Geschichte, das Mahl des Auferstandenen mit den beiden Jüngern. Im Brotbrechen erkannten sie ihn als ihren Herrn. Das Gespräch auf dem Weg von Jerusalem ist schwerer zugänglich. Kann einer, der wie wir von Ostern weiß, die Verzweiflung des Karfreitags überhaupt nacherleben?

In dieser Darstellung kommt der Weg, der erste Teil der Geschichte, ins Bild. Ein Mann und eine Frau sind mit Christus unterwegs. Hand in Hand kommen sie direkt auf uns zu. Die Geschichte erzählt zwar von zwei Jüngern; aber hier sind es unverkennbar Mann und Frau. Sie sind nicht nur zaghaft angedeutet. Was will der Künstler sagen? Wird dadurch die Geschichte nicht verfälscht?

Der Weg nach Emmaus ist der Weg eines jeden Menschen. Es ist der Weg aus der Sehnsucht in die Erfüllung, aus der Trauer und den vielen Fragen hinein ins Leben. Wenn es aber der Weg des Menschen ist, dann ist es der Weg von Mann *und* Frau. Den Menschen *an sich* gibt es nicht. Im Schöpfungsbericht lesen wir: ... *Gott schuf den Menschen, einen Mann und eine Frau schuf er.* Sie zusammen sind *der* Mensch. Ohne Frau kann der Mann nicht sein, und sie wird zur Frau durch ihn.

Jetzt nach Ostern können wir ahnen, wie der Anfang war, das richtige Nebeneinander, das Menschsein. An Ostern beginnt Neues. Die Nachricht von der Auferstehung

Jesu hören zuerst die Frauen. Eine Frau galt damals nicht viel, auch nicht im Gottesdienst der jüdischen Gemeinde. Vor Gericht wurde ihr das Zeugenrecht verweigert. Doch für das Neue, das Gott wirkt durch Jesus, werden Frauen als Zeugen ausgewählt. Was hier angeboten wird, ahnen wir kaum noch. Unter uns ist noch viel Feindschaft der Geschlechter und Angst voreinander. In der Nähe des Auferstandenen und in der Erinnerung an ihn verwandelt sich die Beziehung von Mann und Frau. Darum geht er hier auf diesem Bild zwischen und mit ihnen. So ging schon einmal einer hinter dem Menschenpaar; der Engel mit dem Schwert: er vertrieb sie aus dem Paradies. Seither ist dem Menschen der Zugang zum Garten Gottes verwehrt. In diesem Bild aber werden sie begleitet von dem Auferstandenen und von ihm zusammengehalten. Wenn wir die Beine ansehen, so ist ein leichtes Zögern im Schritt der beiden, und doch gehen sie vorwärts. Keiner geht vor dem anderen, sie gehen miteinander; keiner führt den anderen und keiner ver-führt den anderen. Auch der Mann, der sonst als Beschützer der Frau gilt, wird mit ihr zusammen geschützt. Neue Gemeinschaft zwischen ihnen ist möglich.
Für diese Gemeinschaft zwischen Mann und Frau gebraucht die Bibel das Wort *erkennen: Adam erkannte Eva und sie gebar ...* Das gleiche Wort entdecken wir im Emmausbericht: ... *und sie erkannten ihn* (Lk 23,31). Dadurch ergeben sich neue Möglichkeiten. Die Begegnung zwischen Mann und Frau ist nicht mehr eingeengt auf den geschlechtlichen Vollzug. Der Dialog zwischen Ihnen ist nun vielfältig. Jeder kann ganz der sein, der er ist. Sie müssen sich nicht mehr voreinander schämen. Beide können nackt sein, ganz im Gegensatz zur Vertreibung. Schuld und Scham müssen seit Ostern anders gesehen und können seit Ostern vor allem anders erlebt werden.
Und das andere: Adam und Eva haben nach dem Baum des Lebens gegriffen und sich dabei vergriffen. Jetzt aber wird ihnen gegeben, was sie sich vorher eigensinnig und selbstherrlich genommen haben, denn der ist bei ihnen, der sagt: *Ich bin das Brot des Lebens.*
Dieses Bild ist voll Spannung. *Er* geht zwischen ihnen und zugleich hinter ihnen. Er ist da und könnte auch sofort weg sein. Sie können ohne ihn weitergehen, und er bleibt doch zwischen ihnen.

Annelise Bausch/Fritz Gaiser

Der Gang nach Emmaus
1975
Feder

»Wenn das Antlitz sich verbirgt«

Wie wenn das Antlitz sich vor uns verbergen muß, lautet Jes 53,3 in der Übersetzung von Buber/Rosenzweig. Der Vers entstammt dem vierten sogenannten *Lied vom Gottesknecht* (Jes 52,13–53,12). Der *geschlagene* (53,4), *von Menschen verschmähte und gemiedene Mann der Schmerzen* (53,3) verbirgt sein Antlitz: *So unmenschlich verderbt war sein Aussehen, ungleich Adams Söhnen seine Gestalt* (52,14).

Im deutschen Wort *Antlitz* ist ursprünglich *das entgegen-Blicken, der zu-gewendete Mensch,* im Hebräischen die *Hinwendungen* des Menschen. Die Weisen der Zuwendung, der Kommunikation, des Gesprächs, machen den Menschen aus.

Es geht um das Antlitz des *Gekelterten* (Jes 63), das uns in Christus entgegen-blickt, und das wir nicht erkennen als das Antlitz Gottes. Mehr: Es bleibt nicht nur beim nicht-Erkennen. Christus, der Gottesknecht, *hatte nicht Gestalt, nicht Glanz, daß wir ihn angesehen hätten* (53,3). *Wenn das Antlitz sich verbirgt,* ist das Gespräch zu Ende.

Dieser Kontext verdeutlicht die von Buber/Rosenzweig abweichende Formulierung des Titels: Das Antlitz des Christus verbirgt sich – damals wie heute. So wie auch unser Antlitz sich abwendet, sich nicht zuwendet dem *Niedergebeugten* (53,4). Ebenso kann der Mann aus Nazaret, den sie der Gotteslästerung bezichtigten und hinrichteten, nicht der erwartete Messias sein. Sein Antlitz bleibt verborgen hinter der Wand selbstgefertigter Vorstellungen, aufgerichtet vor dem Unsagbaren.

Jesus den Christus zu zeichnen und zu malen, erweist sich von daher als ein gefährdetes Unterfangen. Wenn das Antlitz nicht verschüttet werden soll, dürfen seine menschliche Verletzlichkeit und seine am Kreuz kulminierende Verstümmelung nicht ausgespart werden. Ein vom zu früh angesetzten Osterglauben geführter Pinselstrich darf dem Christusbild den quälenden Stachel nicht nehmen. Jesus bleibt der leidende Knecht seines Gottes, seines himmlischen Vaters.

Die Christusbilder von Litzenburger wollen das Antlitz Christi Jesu, seine Hinwendungen zu uns, anschaulich machen. Solches anschaulich-Werden geschieht immer jenseits der Wand unserer Abwendung, in der zu-Wendung zum Antlitz des Unsagbaren. Im Wissen darum muß sich der Maler auf einen Prozeß des Entwerfens einlassen.

Das Entbergen und Entwerfen von Bildern macht das *dann* aus, das dem *wenn* des Buchtitels entspricht. Die Christusbilder Litzenburgers sind vielfältige Gestaltwerdung dieses *dann.* Das Antlitz Christi, das uns entgegenblickt, ist nicht irgendeines. Es ist das, welches der Maler sieht, *adäquat seiner Zeit und dialog dem durch die Evangelisten erstgezeugten Christusbild* (Litzenburger), das Bild des Menschen, wie er von Gott ursprünglich gemeint ist. *Wenn das Antlitz sich verbirgt* – dann ist des Malers Teil die immer neue Vergegenwärtigung dieses Antlitzes. *Anita Harbarth*

Nachwort

Die Idee, die zahlreichen Christus-Bilder von Roland Peter Litzenburger – wenigstens in einer repräsentativen Auswahl – gemeinsam zu veröffentlichen und ihnen erklärende Texte beizugeben, nahm vor etwa zwei Jahren greifbare Gestalt an. Damals erschien bei der Württembergischen Bibelanstalt Stuttgart wie alljährlich das Arbeitsmaterial zur ökumenischen Bibelwoche, diesmal zu Texten aus dem Markus-Evangelium. Die Herausgeber des Bibelwochenheftes entschlossen sich, einige Christus-Bilder von Litzenburger ergänzend anzubieten. Diese kamen, teils mehrfarbig, in dem Begleitheft zur Bibelwoche zum Abdruck. Ebenso gab es eine Serie mit Diapositiven. Aus der Notwendigkeit, den Benützern der Dias Bildbeschreibungen an die Hand zu geben, sind damals zwölf Interpretationen zu Bildern entstanden, von denen sich einige in diesem Buch wiederfinden.

Etwa zur selben Zeit begann die Arbeit, alle jene Texte aufzuspüren, die in den langen Jahren seit dem *Blauen Christus* entstanden, als literarisches Gegenüber zu den Bildern aber längst vergessen und vergriffen waren. Was in jüngster Zeit verstärkt zu beobachten ist, daß nämlich die von den Christus-Bildern Betroffenen ihrer Betroffenheit auch schriftlichen Ausdruck geben, das hat es von allem Anfang an gegeben. Und diese Reaktion des Wortes als Ant-Wort auf das Bild, als Gesprächsbeitrag in die Gesprächsbereitschaft des Malers hinein, ist ein wesentliches Kennzeichen dieses Buches, ist also keinesfalls als zufällig oder nebensächlich zu verstehen. Die Texte gehören zu den Bildern wie die Menschen, die sie lieben und die mit ihnen leben. Und ganz gewiß werden es nicht die einzigen und nicht die letzten Reaktionen sein, die von den Christus-Bildern ausgelöst werden.

Gelegentlich um Erklärungen zu seinen Bildern gebeten, pflegt Litzenburger auf seine Interpreten zu verweisen. Das ist das gute Recht des Malers, der, wäre er ein Dichter, zur Feder und nicht zum Zeichenstift gegriffen hätte. Alle Interpretationen seiner Bilder sind Versuche, sind als *mögliche* Erklärungen zu verstehen, nicht aber als *notwendige.* Man könnte sich jederzeit wieder andere und neue Texte denken, die dann auch neues Erleben mit den Bildern widerspiegelten. Da nicht nur der Maler, sondern auch die Textautoren neben rationalen Momenten solche der Emotion ins Spiel geschickt haben, sind die in diesem Buch vereinigten Interpretationen nur ein Stück weit nachprüfbar und nur für ihre Urheber – vorderhand – nicht zu überholen. Es wird also keiner der Mitarbeiter dieses Bandes den Anspruch auf Verbindlichkeit erheben wollen. Wenn der Betrachter sich gelegentlich an die Hand genommen weiß und diese Geste als hilfreich empfindet, wäre die eine Aufgabe der wiedergegebenen Texte bereits erfüllt. Als ganz persönliches Zeugnis der von den Bildern und nicht zuletzt von

Christus selbst betroffenen Menschen haben diese Texte aber auch einen zweckfreien Wert.
Waren die Herausgeber dieses Bandes ursprünglich von der Absicht geleitet, *alle* Christus-Bilder Litzenburgers miteinander vorzustellen, dann hat sich dieser Gedanke bald als irreal erwiesen: Es waren weit mehr Bilder, als sich im Gedächtnis vorderhand anmeldeten. Zudem gibt es einige Gesichtspunkte des Christusgeschehens, die Litzenburger oftmals angegangen und immer wieder neu ins Bild gesetzt hat, die also dasselbe Thema aufgreifen. Im vorliegenden Band ist die Entwicklung eines solchen Einzelthemas am Beispiel *Christus der Narr* aufgezeigt. Aus dem runden Dutzend der vorhandenen Blätter sind vier farbige Darstellungen und eine schwarz-weiße ausgewählt. Eine ähnliche Vielfalt begegnet bei den *Emmaus*-Bildern und den *Kreuzigungs*-Darstellungen. Es wäre außerordentlich reizvoll und lehrreich, gerade an Hand solcher thematischer Bilder-Serien, den Weg des Malers – technisch wie inhaltlich – über längere Zeit hinweg zu verfolgen und dokumentarisch zu belegen – allein, die Zahl der sich anbietenden Objekte würde den Rahmen des vom Verlag großzügig Ermöglichten bei weitem sprengen. Es müssen also Andeutungen genügen. Interessenten steht jederzeit die Rückfrage beim Autor der Bilder offen.
Bei der Auswahl der wiederzugebenden Objekte haben sich die Herausgeber auf die Berücksichtigung jener Mal- und Zeichen-Techniken beschränkt, die für einen Druck geeignet erscheinen. Gebrauchsgrafik – etwa Missale-Einbände, Buchumschläge, Entwürfe für Paramente – mußten ausscheiden, ebenso Blei- und Beton-Verglasungen. Bei den plastischen Darstellungen, den Kreuzen in Mannheim und Niederstotzingen, schien eine Ausnahme gerechtfertigt. Gemessen an der Intensität der grafischen Blätter bleiben die fotografischen Aufnahmen der plastischen Werke jedoch unbefriedigend. Man muß schon einmal die Kirchen aufsuchen, in denen diese Kreuze stehen, wenn man einen halbwegs gültigen Eindruck erhalten will und – die Chance der Begegnung mit einem Kunstwerk.
Noch eine Anmerkung zur Ausstattung des Buches. Nach einigen Überlegungen sind die Herausgeber mit dem Verlag übereingekommen, die Bilder in der Reihenfolge des Entstehens anzuordnen. Dieses Prinzip konnte fast durchweg beibehalten werden. Auf den Bildwiedergaben sind rückseitig nur der vom Maler gewählte Titel, das Jahr des Entstehens und die Maltechnik vermerkt. So ist jederzeit die Möglichkeit gegeben, das Buch auseinanderzunehmen, wenn man die Bilder für sich haben will. Das gewählte Bindeverfahren kommt solchen Wünschen ebenfalls entgegen.
Dieses Buch will nicht den Eindruck erwecken, als sei es die erste Veröffentlichung dieser Art. Litzenburgers theologisch-biblisch orientierte Bilder begegnen seit Jahren in Kalendern und Zeitschriften, stehen als Postkarten und Posters zur Verfügung. Sie waren Anlaß zu Veröffentlichungen wie den Bändchen *Jona*, erschienen im Verlag Katholisches Bibelwerk Stuttgart, und *Benedikt*, das der Rex Verlag Luzern herausbrachte. Für das in immer wieder neu aufgelegte Bändchen *Gebete aus der Arche* von Carmen Bernos de Gasztold, vom Matthias Grünewald Verlag Mainz veröffentlicht, hat Litzenburger die Zeichnungen beigesteuert, ebenso für die *Eucharistischen Gebete der frühen Kirche* aus demselben Verlag; die *Haus- und Altar-Bibel* des Verlags Paul Pattloch Aschaffenburg hat von ihm 32 ganzseitige Federzeichnungen bekommen. In allen genannten Werken sind solche Bilder veröffentlicht, die zwar unter ver-